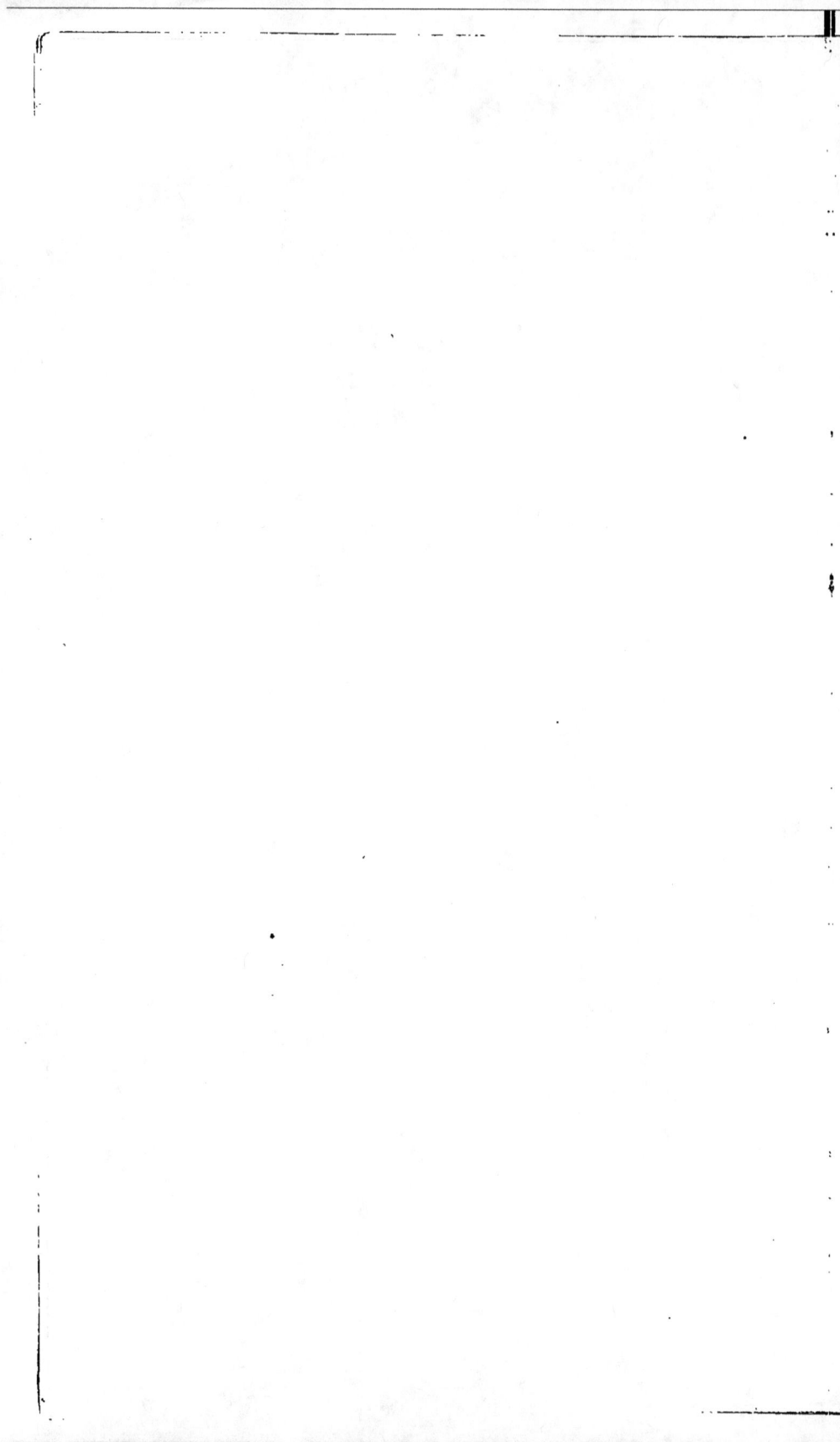

# LES DÉCORS

## LES COSTUMES

### ET

# LA MISE EN SCÈNE

## AU XVII<sup>e</sup> SIÈCLE

— 1615-1680 —

PAR

## LUDOVIC CELLER

## PARIS

LIEPMANNSSOHN & DUFOUR, LIBRAIRES

13, RUE DES SAINTS-PÈRES

M DCCC LXIX

# LES DÉCORS

## LES COSTUMES

## ET LA MISE EN SCÈNE

### AU XVIIe SIÈCLE

OUVRAGES DU MÊME AUTEUR

---

## LA SEMAINE SAINTE AU VATICAN

Étude muficale, religieufe, hiftorique, archéologique
& pittorefque. Quelques morceaux font inédits.

Librairie Hachette & Cᵉ.

1 volume grand in-18 . . . . . . . . . . . . . . . . 5 fr.

---

## LE MARIAGE FORCÉ DE MOLIÈRE
### OU LE BALLET DU ROI

Danfé par le roi Louis XIV le 29 janvier 1664.

Nouvelle édition, contenant des *fragments inédits* de
Molière & la mufique de Lulli réduite pour piano.

Librairie Hachette & Cᵉ.

1 volume petit in-8, caractère elzév. . . . . . . 5 fr.

---

## LES ORIGINES DE L'OPÉRA, ET LE BALLET
### DE LA REINE (1581)

Étude fur les danfes, la mufique, les orcheftres, & la mife en
fcène au xviᵉ fiècle ; avec un aperçu des progrès du drame
lyrique depuis le xiiiᵉ fiècle jufqu'à Lulli.

Librairie Didier & Cᵉ.

1 volume in-18 jéfus. . . . . . . . . . . . . . . . . . 3 50

# LES DÉCORS

## LES COSTUMES

### ET

# LA MISE EN SCÈNE

## AU XVIIᵉ SIÈCLE

— 1615-1680 —

PAR

## LUDOVIC CELLER

## PARIS

LIEPMANNSSOHN & DUFOUR, LIBRAIRES

11, RUE DES SAINTS-PÈRES

—

M D CCC LXIX

ÉDITION TIRÉE :

à 260 exemplaires *fur papier vergé, à. . . . .*   6 *fr.*
& 12   »   *fur papier de Chine, à. . .*   1 5

272 *exemplaires numérotés & paraphés par l'auteur.*

N° 240

# LES DÉCORS

## LES COSTUMES

## ET LA MISE EN SCÈNE

### AU XVIIᵉ SIÈCLE

### 1615-1680

---

## CHAPITRE PREMIER

*Quelques mots fur l'ancienne mife en fcène.*
*L'ARIMÊNE de Nic. de Montreux (1596).*
*Spectacles fous Louis XIII.*
*LA DÉLIVRANCE DE RENAUD (1617).*
*Inexpérience théâtrale.*

LES premières années du règne de Louis XIV furent une des époques les plus brillantes de notre hiftoire en ce qui concerne les fêtes, les cérémonies & les repréfentations dramatiques. Le théâtre tenait une large place dans les plaifirs de la Cour, & l'on fe fent tout porté à chercher comment la fcène était difpofée, quel cadre elle fourniffait aux divertiffements, & quelle créance il faut accorder aux affirmations des contemporains qui, fans donner de détails, ne tariffent pas d'éloges fur la fplendeur des décors, des coftumes & de la mife en fcène.

La fimplicité de nos pères eft chofe très-douteufe ; s'ils n'a-

1

vaient pas, à propos du théâtre, des idées abfolument femblables aux nôtres, le luxe qu'ils déployaient était fort remarquable, & les anachronifmes de couleur locale n'étaient pas
auffi extraordinaires qu'on l'a fouvent répété. Ce ne fut qu'au
fiècle fuivant que les traveftiffements de l'antiquité devinrent
exagérés, & fous la minorité de Louis XIV, par exemple,
malgré certains écarts de ftyle, la mife en fcène fe maintint
dans des bornes affez raifonnables. Ce fut un terme moyen
entre l'époque de Henri III, où Mercure paraiffait vêtu de
fatin incarnadin d'Efpagne, & l'époque à propos de laquelle,
après l'avoir traverfée, Le Vacher de Charnois (*Recherches
fur les coftumes de toutes les nations*) écrivait en 1790 :
« ....Dans une tragédie dont les premiers vers tranfportent
» le fpectateur à Rome ou à Corinthe, on voit paraître des
» Grecs & des Romains couverts d'une robe de brocard, la
» tête chargée d'un turban galonné, & des Romaines affublées
» de toutes les petites prétentions de la coquetterie des bou-
» doirs. »

Les décors, les machines, au temps de Louis XIV, diffé-
raient des nôtres beaucoup moins que les coftumes, & l'on
voit avec étonnement que les mêmes effets, les mêmes moyens,
étaient employés. Sauf quelques procédés fcientifiques tout
modernes, il femble que pendant longues années les reffources fcéniques font reftées les mêmes.

C'eft furtout dans les divertiffements de la Cour, dans les
repréfentations de l'Opéra, lorfqu'il fut établi, & dans celles
qui précédèrent fa fondation, qu'il eft intéreffant d'examiner
l'état de la mife en fcène au xviiᵉ fiècle ; fubfidiairement, la
comédie & la tragédie, aux dehors plus fimples, peuvent four-
nir quelques curieux renfeignements ; mais les documents
ont très-peu nombreux, & c'eft furtout dans les gravures du
temps qu'il faut aller chercher les indications utiles.

Avant la minorité du roi Louis XIV, on trouve un certain
nombre de repréfentations intéreffantes ; mais c'eft furtout à
partir de 1650, environ, que commencèrent les fpectacles qui

fervirent de modèles à ceux des années fuivantes. Paffé cette
époque, on perfectionna peu les moyens matériels, & les
coftumes perdirent de leur vérité relative; le goût fembla
s'oblitérer fous la preffion du grand roi, & le ftyle Louis XIV
devint de plus en plus envahiffant à mefure que le fiècle
avançait en âge. Le jufte développement, & auffi l'exagération
de la mife en fcène, avaient leurs racines dans les fpectacles
donnés pendant les premières années du XVII<sup>e</sup> fiècle; cette
étude doit donc commencer au moment où l'influence des architectes & des décorateurs italiens fe fit fentir en France &
y introduifit la richeffe théâtrale — elle doit fe terminer, alors
que l'Académie royale de mufique, fous la direction de Lully,
Quinaut & Beauchamp, a pris la tête du mouvement dramatique auquel l'âge du roi, & encore plus le changement
apporté dans fes goûts, avaient contraint la Cour de renoncer. Après quelques mots rapides, néceffaires pour relier le
XVII<sup>e</sup> fiècle aux temps qui l'avaient précédé, nous arriverons
à la première des repréfentations qui, pour nous, ait une réelle
importance — celle de *Mirame.*


La mife en fcène des Myftères avait été tantôt fplendide,
tantôt d'une pauvreté naïve; ces deux points extrêmes fe rencontraient à la même époque, & c'était naturel — ici, de
pauvres troupes, dans une pauvre ville, repréfentaient une
action religieufe; un fimple échafaud avec des compartiments
étiquetés de diverfes façons, fuffifait à indiquer le lieu de la
fcène & remplaçait un décor complet — là, au contraire, des
acteurs bien exercés, largement rétribués, repréfentaient pour
de riches municipalités une pièce bien étudiée, pourvue de
tous fes décors & acceffoires. Mais les Myftères, fe jouant le
plus fouvent en plein air, ne conftituaient pas ce que nous
avons appelé le théâtre. Il fallait un cadre plus reftreint &
d'autres procédés qui fe développèrent peu à peu.

Le luxe du théâtre fut fouvent réfervé aux riches amateurs qui donnaient des fêtes dans leurs châteaux; & lorfque des troupes de comédiens ordinaires eurent commencé à donner des repréfentations publiques, la mife en fcène demeura très-élémentaire; un ou deux décors (fi toutefois ce nom eft employé à propos pour fi peu de chofe) firent tous les frais du fpectacle, &, en France, ce ne fut guères qu'à partir de 1636 ou 1637, pour le *Cid* de Corneille & la *Sophonisbe* de Mairet, que les comédiens prirent l'habitude d'avoir un décor approprié à chaque pièce.

La plus ancienne repréfentation donnée dans une falle fermée, éclairée, avec décors, paraît être celle de la *Calandra*, comédie que Balt. Péruzzi fit jouer devant Léon X, en 1516, au château Saint-Ange.

Ce ne fut qu'avec le *Ballet de la Reine* que la France inaugura le fyftème de la mife en fcène luxueufe avec machines & décors. Un des grands progrès fut l'emploi des lumières. Tant qu'on joua de jour, l'illufion n'était pas poffible. La lumière crée un monde de convention où l'imitation s'accepte plus aifément, où les yeux font moins exigeants; un compromis s'établit entre la vérité & la fiction, & le jour artificiel fut ce qui contribua le plus au progrès de la repréfentation théâtrale. Ce ne fut pas fans peine; & l'éclairage fut fi imparfait que, fous Louis XIV encore, on préféra parfois les divertiffements du jour à ceux donnés pendant la nuit. D'ailleurs, nous l'avons dit naguères (*), la repréfentation du *Ballet de la Reine* refta chofe unique à fon époque; il fallut près de 20 années pour qu'on revît une fête à peu près femblable.

Nous voulons parler du drame de l'*Ariméne*, par Nicolas de Montreux, gentilhomme du pays de Maine, qui fut repré-

(*) Voir les *Origines de l'Opéra;* 1 vol. in-18. Didier 1868.

fenté au château de Nantes, le 25 février 1596. La falle était longue & difpofée comme celle du *Ballet de la Reine* au Petit-Bourbon ; le ciel fe mouvait avec les aftres, & fur un des côtés de la fcène fe trouvait la grotte du magicien Circimant. Les décors étaient peints fur des fortes de cylindres verticaux, à bafes pentagonales, & dont les arêtes devaient coïncider les unes avec les autres ; ils étaient mis en mouvement par un arbre central mû par une vis en fer que l'on tournait fous le théâtre. Il y avait ainfi 5 décors différents que l'on obtenait rapidement en expofant aux yeux du public tantôt une face, tantôt une autre, des cylindres.

L'intrigue était fimple : Arimène, jeune pafteur infenfible pour toutes les femmes, aime en fecret Alphize qui le repouffe, & il eft aimé de Clorice qu'il n'aime pas. Circimant le forcier, au moyen d'un cercle magique, met Alphize au pouvoir d'Arimène ; mais, en vrai chevalier, Arimène ne veut pas devoir fa maîtreffe à un fubterfuge ; Alphize va pour s'échapper comme elle eft venue, quand un monftre fauvage, moitié homme, moitié bête, une forte de gorille, la faifit & l'emporte. Arimène fe tue de défefpoir ; mais Circimant le rend à la vie, délivre Alphize & unit les deux amants.

Cette pièce, imitée évidemment du *Ballet de la Reine* pour la mife en fcène, fe diftingue profondément de fa devancière par l'originalité du poëme ; il nous femble affez puéril, mais il avait ce caractère exceptionnel de ne pas être infpiré par l'antiquité. Cependant il ne faut pas fe refufer à y voir de nombreux points reffortant encore de la mythologie ; ainfi, dans les intermèdes qui féparaient les différentes fcènes, il y avait des entrées, des machines roulantes & defcendantes, & les principaux fujets de ces hors-d'œuvre, fe liant peu à l'action, étaient : Le Combat des Dieux & des Géants. — L'enlèvement d'Hélène. — La délivrance d'Andromède. — La defcente d'Orphée aux Enfers. — Jupiter & Io (cette dernière était un moment repréfentée par une vache véritable).

Quant aux coftumes, Arimène était vêtu de fatin orange ;

Circimant de fatin noir « dans la forme des anciens fages de l'Égypte ; » Alphize portait une tunique à la nymphe en fa- tin jaune paille, elle tenait un javelot à la main.

L'*Ariméne* fut encore un phénomène ifolé dans l'hiftoire dramatique ; la Cour de France avait de groffes préoccupa- tions politiques, & l'art du théâtre, qui eût pu recevoir d'elle un vigoureux appui, ne progreffa pas pendant longues an- nées. Henri IV fe contenta de quelques ballets, de quelques divertiffements, déguftés parfois en petit comité, dans le ré- duit intime qu'il s'était fait difpofer à l'Arfenal, chez fon ami Sully ; Louis XIII ne fut guère plus ambitieux que fon père & pendant quelques années feulement il laiffa organifer à fa cour un certain nombre de ballets, où, le plus fouvent, la mife en fcène était peu de chofe. Un des plus importants fut celui de *la Délivrance de Renaud*, que le roi s'occupa de régler en perfonne, & qui fut repréfenté au Louvre le 29 jan- vier 1617. Le roi jouait le Démon du feu ; il prononçait ces paroles dans le prologue :

> *Puifque les ans n'ont qu'un printemps,*
> *Paffez, amants, doucement votre temps :*
> *Vos jours s'en vont & n'ont point de retour,*
> *Employez-les aux délices de l'amour.*

Tirade fingulière dans la bouche du roi qui ne fe hâtait pas, difait-on, de mettre en pratique, auprès de la reine, le con- feil qu'il donnait aux autres.

Ce ballet de *la Délivrance de Renaud* a une tendance dramatique ; fa mife en fcène, affez bien entendue pour le temps, montrera ce qu'étaient les fêtes de cette époque & terminera cette première partie qui fert comme d'introduction à notre fujet.

L'inventeur du ballet était le fieur Durand. Armide lui eft apparue, dit-il, lui reprochant qu'après le Taffe, il a ofé la mettre en fcène ; mais apprenant que le roi avait choifi &

approuvé le fujet du ballet, qu'il voulait aller lui-même délivrer Renaud s'il était encore prifonnier, Armide s'écria :
« J'aime mieux perdre Renaud & plaire au Roi de France. »
Donc, Durand a conclu qu'Armide ne lui en voudrait plus
de voir publier fon poëme ; d'ailleurs la Cour frémiffait du
défir de l'entendre ; il a l'honneur de dépofer le livret aux
pieds de Sa Majefté.

Tel eft le réfumé de la dédicace de Durand.

Puis, comme Durand peut craindre que les dames ne trou_
vent pas galante la conduite de Renaud vis-à-vis d'Armide,
il met fon héros fous la fauvegarde de deux reines, la reine-
mère & la jeune époufe du roi, qui comprendront que Renaud
avait pour lui le mérite de la vertu ; & le roi lui-même, bien
que d'un fexe « qui peut, ce femble, donner plus de licence
aux appétits », eft évidemment de l'avis des deux reines.

Lorfque tout fut prêt pour la repréfentation, la toile, qui
repréfentait un palais en perfpective, s'abaiffa, laiffant voir la
montagne des Génies, aux ordres d'Armide. L'orcheftre,
compofé de 64 voix, 28 violes, 14 luths, fous la conduite du
fieur Mauduit, était caché fous des feuillages ; la mufique,
écrite par Guédron, intendant de la mufique de la chambre
du roi, femblait « venir des oifeaux enchantés d'Armide ; »
la fymphonie fervant d'ouverture, courte, était répétée jufqu'à ce que le roi donnât de la main le fignal de baiffer le
rideau. Singulier ufage de couper ainfi la mufique, d'en me-
furer la longueur au gré du caprice !

D'après les deffins qui accompagnent le ballet publié chez
P. Ballard, en 1617 (in-4°), la fcène eft étroite & haute ; le
ciel fe compofe d'une bande peinte avec des étoiles ; deux colonnes paraiffent le foutenir ; trois marches font difpofées
pour que les artiftes du ballet puiffent defcendre dans la falle,
car il y là encore mélange du public avec les perfonnages du
drame.

La montagne des Génies était un rocher prefque vertical,
percé de 14 grottes étagées. On peut s'en figurer la grandeur

en penfant à la grande falle du Louvre; fauf deux bofquets à
droite & à gauche, fervant à mafquer les muficiens, la fcène
remplit la largeur de la falle & la montagne à fon tour remplit
la largeur & la hauteur de la fcène. Derrière le cadre de la
toile, des lumières « oppofées » (réfléchies) étaient fufpendues pour éclairer les broderies des Démons. En bas de la
montagne eft étendu M. de Luynes « premier gentilhomme
» de la chambre du roi, lieutenant général de Normandie ; »
il jouait le rôle de Renaud.

Le roi (Démon du feu), était couvert de flammes afin de
montrer, dit l'auteur, « qu'il avait des feux pour la reine, de
» la bonté pour fes fujets, de la puiffance contre fes ennemis ;
» puis encore, parce que le feu purge les corps impurs,
» comme le roi purgeait fes fujets des mauvaifes penfées ;
» parce que le feu eft près de Dieu, & qu'il eft le roi des
« éléments. » Le coftume fe compofait d'un maillot collant
avec petite jupe, garnie partout de langues de flammes dont
la pointe eft dirigée en haut ; le vifage lui-même était couvert d'un mafque de même forte & la tête était furmontée
d'une coiffure flamboyante ; ce fut ce coftume, affez bien
réuffi, que l'on appela, fous Louis XIV, un *ardent.*

Le Démon du feu defcendit dans la falle chercher Renaud
qui était venu fe mêler aux fpectateurs : 24 violons de la
chambre du roi, placés dans des « niches » & féparés de
l'orcheftre ordinaire, felon l'ufage, accompagnaient la panto-
mime du roi.

Alors eut lieu la 1ʳᵉ Entrée : le Démon des eaux (le chevalier de Vendôme), l'Efprit de l'air (M. de Mompoullan),
defcendent de la montagne & viennent danfer avec le roi &
Renaud. Ce dernier eft vêtu à peu près à la Henri III, fauf
qu'il porte un bas de faye dentelé, au lieu de culottes bouffantes à crevés ; l'Efprit de l'air porte allégoriquement un coftume ajufté, avec une grande queue d'oifeau, des ailes & un
haut bonnet avec une plume.

Suivirent : la 2ᵉ Entrée : le Démon de la chaffe (le comte

de Roche-Guyon), le Démon des fous (général des galères
du roi) ; ils danfèrent, l'un coiffé d'une hure, avec un cor à
la main, l'autre avec un coftume parfemé de petites têtes de
Folie. Sur la fin du ballet, l'Efprit follet, joué par M. de
Blinville, vint fe joindre à eux.

— La 3e Entrée : le Démon du jeu (M. de Challais), le
Démon des avaricieux (M. de Humières), le Démon des vil-
lageoifes ; ils viennent chercher auffi Renaud qu'ils n'aper-
çoivent plus à fa place ordinaire. Le Jeu eft le feul des trois
danfeurs qui porte un coftume curieux : il a des cartes
peintes fur tout fon coftume, un damier fur la tête avec quatre cornets, & une boule pofée fur le deffus.

— La 4e Entrée : un Efprit aérien (le marquis de Cour-
tanvault), le Démon de la vanité (comte de Larochefou-
cault), le Démon des Mores (M. de Brantes), le Démon de la
guerre (le baron de Palluau). L'Efprit aérien n'a pas de bras,
mais des ailes ; & il eft coiffé avec une auréole de plumes de
paon.

Enfin le roi, Renaud, & tous les Démons, en tout quatorze
perfonnes, firent un grand ballet. C'était la fin de la première partie ; il fallait à préfent s'occuper de la délivrance de
Renaud.

Deux « cavaliers » habillés à la chevalerefque entrent alors
doucement par la feuillée qui garniffait les côtés de la fcène ;
l'un porte un bouclier brillant, l'autre une baguette magique ;
ils s'avancent vers la grotte en danfant fur un air de trompette.
La montagne tourne fur elle-même, les rochers difparaiffent,
& l'on voit à leur place des « jardins charmants avec trois
grandes fontaines ruftiques, des dorures & des eaux jaillif-
fantes ; » un baffin plus grand eft au milieu du théâtre. Les
chevaliers frappent de la baguette, & l'eau s'arrête ; la lumière
s'abaiffe, & une nymphe furgit dans la vafque de la grande
fontaine ; elle a les cheveux épars & cherche par fes accents
à féduire les amis de Renaud ; elle chante en s'accompagnant
fur un luth : Pourquoi, dit-elle, venir troubler des amants ; il

1.

faut laiffer Renaud tout à l'amour d'Armide; elle tâche de les perfuader, & termine par ces mots :

*Puifque l'homme retourne en poudre,*
*Pour fa gloire il fe doit réfoudre,*
*De repaiftre plus tôt les flammes d'un bel œil*
*Que les vers qui font au cercueil.*

Infenfibles à fes accents, mais ne voulant pas la tuer, les chevaliers peu galants enfoncent la nymphe dans fa fontaine.

Les coftumes de cette fcène, indiqués par le deffin (car le livret du ballet, fuivant un fréquent ufage, eft illuftré), font curieux pour le ftyle. Les deux chevaliers font habillés en guerriers romains; la nymphe, annoncée comme nue dans le livret, eft lourdement vêtue en dame de la cour. Avait-on plus de pudeur en peinture qu'en réalité ? Le mot « nue » ne voudrait-il pas dire fimplement décolletée ?

Aux féduftions de la nymphe, fuccède l'attaque de fix monftres différents, qui danfent & forment un ballet bouffon. Ces fix monftres font : deux jurifconfultes, habillés d'une foutane, d'une robe noire, d'un bonnet carré, & ayant la tête, les ailes & les pieds de hiboux; —deux payfans, ayant tête, bras & jambes de chiens; — deux filles de chambre « à la mode » avec la tête, les bras & les jambes de finges. L'auteur n'aimait, il faut croire, ni les procès, ni la campagne, ni les foubrettes.

Pendant ce combat, Renaud apparaiffait couché aux pieds d'Armide, fur l'herbe & les fleurs; il chantait des vers bien pâles qu'interrompaient les chevaliers; Renaud, amené par eux dans la falle, loin de fon enchantereffe, reconnaît fon infamie & arrache de honte fes bracelets, fes colliers, « fes dorures; » le jardin d'Armide lui femble odieux (ce qui ne nous furprend pas s'il était tel que le deffin le repréfente), & il s'enfuit.

La douleur d'Armide éclate alors qu'elle voit fes    mphes

muettes, fes monftres vaincus, fes eaux taries, tous fes projets bouleverfés; elle appelle fes démons qui, pour fe mo-
quer d'elle, apparaiffent fous la forme de trois groffes écre-
viffes, deux tortues & deux limaçons énormes & dégoûtants.
Mais Armide déclame alors des vers écrits par Bordier (car
ils s'étaient mis plufieurs pour cette œuvre) :

> *Quel fubit changement!*
> *Quelles dures nouvelles!*
> *Dieux, qu'eft-ce que je voy!*
> *Ofez-vous bien, ô démons infidelles,*
> *Paroiftre devant moy?*
>
> . . . . . . . . . .

Alors les démons fortent de leurs enveloppes rampantes &
apparaiffent en vieilles femmes depuis la ceinture jufqu'à la
coiffure, en hommes depuis la ceinture jufqu'en bas. Ce mélange des coftumes & des fexes avait le plus grand fuccès.
    Le comédien Marais jouait Armide; la gravure le repré-
fente fort difgracieux avec fa haute taille, fon pourpoint cui-
raffé & arrondi, fa tunique à la nymphe fendue d'un côté,
fes bras nus & fa chevelure d'une abondance extravagante.
Belleville, dit Turlupin, qui avait écrit les airs de danfe de
Renaud, conduifait le ballet des Démons. Pour finir, ces derniers emportent Armide qui, en partant, fait écrouler fes
jardins, & les changent de nouveau en une affreufe caverne.
    Un entr'acte avait lieu ici. Puis, fur un « doux » concert
de mufique par Guédron, entrait dans la falle un petit bois
feuillé dans lequel étaient affis, fur deux ou trois rangs, &
comme dans des niches de verdure, des chevaliers habillés à
l'antique, avec la falade à plumes fur la tête. Le bois femblait obéir aux ordres du vieil ermite Pierre, fauveur de Renaud, & que repréfentait le chanteur Bailly, « avec une voix
charmante; » il était vêtu d'une robe de pèlerin à coquilles,
& coiffé d'un bonnet perfan; il fe tenait en avant, dirigeant

les chœurs des chevaliers antiques, c'eft-à-dire les foldats de Renaud, cherchant au travers des bois. Ils chantaient un chœur dont la coupe a été éternellement reproduite, & qu donnerait à penfer que depuis plufieurs centaines d'années nos librettiftes ne font qu'imiter fans rien inventer :

> *Allez, courez, cherchez de toutes parts,*
> *Ce fuperbe Renaud le fier vainqueur de Mars,*
> *Dont le cœur généreux,*
> *En un lointain féjour,*
> *Par l'effort d'un bel œil,*
> *Eft efclave d'amour.*

. . . . . . .

Reprife du chœur :

> *Allons, courons, cherchons de toute part,*
> *Ce fuperbe Renaud,* etc...

Le bois difparaiffait à fon tour par le côté oppofé à celui où il était entré, & alors, au lieu des ruines du palais d'Armide, on apercevait, fur une quadruple eftrade abritée d'un dais, Godefroy de Bouillon & les principaux chefs des Croifés. Le roi repréfentait Godefroy, & les gentilfhommes qui avaient danfé les Démons étaient fes généraux. Ils étaient rangés fur 4 rangs, le roi occupant la place la plus haute de manière à réalifer une pyramide tellement brodée, dorée & parfemée de pierreries, que le public n'avait pas le loifir de fonger aux vifages des acteurs ; & cependant, ajoute l'auteur, ces vifages étaient fi beaux, fi nobles , qu'à leur tour ils éclipfèrent l'éclat des bijoux.

Le roi fit un figne ; 24 violons fe mirent à fonner le grand bal, & la nuit fe paffa dans les plaifirs & les danfes où brilla la grâce du roi. On lut furtout affidûment les envois poétiques faits pour les perfonnages du ballet.

Le duc de Luynes y était comparé à Achille ; & Bordier avait fait pour la reine l'envoi fuivant :

> *Beau foleil de qui je veux*
> *Pour jamais fouffrir les feux,*
> *Regarde où tu me réduis,*
> *Et cognois ce que tu peux*
> *En voyant ce que je fuis.*

Nous verrons que fous le règne de Louis XIV les envois en vers furent très-raffinés ; ils fe perfectionnèrent & furent fe plier à toutes les fineffes. Ici, fauf pour la fituation du roi & de la reine, les allufions font affez rares. Benferade, dans ce genre, fut de beaucoup fupérieur à Durand & à Bordier.

Ce ballet de *la Délivrance de Renaud* accufait encore une inexpérience fingulière de la mife en fcène. Celui de *Tancrède* ou la *Forêt enchantée*, qui fut repréfenté peu après, avait les mêmes défauts.

Les contemporains de Louis XIII riaient de peu de chofe & fe plaifaient encore à des entrées grotefques & à des enfantillages de déguifements.

C'eft ainfi qu'en 1626, dans le ballet du roi ou les *Noces de la douairière de Bilbahaut avec Fanfan de Sotteville*, il y avait le divertiffement des Doubles femmes. Tout y était double. Les violons femblaient jouer par derrière, parcequ'ils avaient fur la nuque des mafques de vieilles femmes rieufes & marchaient à reculons. Après les violons venaient de jeunes demoifelles (toujours jouées par des hommes) faluant en fe démafquant d'un loup noir pofé fur un vifage adorable en cire ; elles faifaient volte-face, & au lieu de belles figures & de tenues modeftes, elles ne montraient plus que des vieilles femmes ridicules. Enfin, « s'étant toutes prifes par » la main, pour danfer en rond, on n'eût fu dire, qui était » le devant, ou le derrière, tant cette invention jolie féduifoit agréablement l'imagination. » Croit-on que ces jolies inventions fatiffiffent les efprits ? Loin de là, on enchérit encore ; on fit des danfeurs à quadruples faces, on les fit enfin marcher fur les mains, avec une jupe foutenue par des cerceaux & maintenue en l'air pour compléter l'illufion.

La volte-face rapide des danfeurs, offrant ainfi deux perfonnages différents, fut employée de nos jours au théâtre d'une façon affez intelligente ; c'était à la Gaîté, dans les 4 *Éléments*, vers l'année 1834. Dans cette féerie, Macabre, au fond des entrailles de la terre, appelait fes danfeurs pour un divertiffement, & fes danfeurs étaient des fquelettes dont la charpente était deffinée, fur un maillot collant, en blanc fur fond noir ; Macabre lui-même était enveloppé d'un manteau noir, & quelques inftants auparavant, la Nuit, traverfant la fcène, avait tendu fur tout le fond un grand drap noir ; la rampe était baiffée & il ne reftait plus qu'une vague lueur pour apercevoir le ballet. Les fquelettes danfaient la *Macabre* en faifant face au public, & de temps en temps, à l'ordre de leur chef, ils faifaient rapidement volte-face ; leur maillot n'ayant aucun deffin par derrière, ils difparaiffaient complétement dans le fond noir uniforme fur lequel ils ne fe détachaient plus ; à un autre commandement ils fe retournaient & apparaiffaient de nouveau. L'effet était extraordinaire & eft toujours refté préfent à notre mémoire depuis notre enfance. C'était bien employer un moyen mal mis en œuvre au XVII<sup>e</sup> fiècle.

Il nous femble inutile d'infifter davantage fur les repréfentations du règne de Louis XIII ; il était grandement temps pour la France qu'une influence littéraire fe fît fentir à la cour. Le cardinal de Richelieu fut celui qui fe chargea de provoquer une heureufe réaction.

Mais il ne faut pas s'étonner outre mefure de la pauvreté de la mife en fcène à cette époque ; fauf en Italie, il en était de même partout ailleurs, en province comme à l'étranger.

Lorfque dans *le Songe d'une nuit d'été,* dans la fcène de Pyrame & Thifbé, Shakfpeare s'égaie de la mife en fcène du

buiſſon, du clair de lune, de la muraille fendue, & qu'il fait
jouer ces acceſſoires muets par des perſonnages qui expli-
quent ce qu'ils font, il ne devait pas vouloir ſimplement indiquer une miſe en ſcène naïve attribuée à l'antiquité; il
voulait auſſi peindre certaines mœurs théâtrales qu'il avait
vues de ſon temps. Bien après Shakſpeare, on conſerva en Angleterre une inexpérience ſingulière de décorations & d'acceſſoires;
on manqua ſouvent des plus ſimples précautions pour tendre
à l'illuſion & juſqu'au milieu du XVII<sup>e</sup> fiècle on avait conſervé
l'habitude, dans quelques théâtres, de réciter un épilogue
comique immédiatement après le dénouement d'un drame ou
d'une tragédie, dans le même décor & avec les mêmes coſtumes. Charles I<sup>er</sup> avait cependant protégé le théâtre, mais
Cromwell & les puritains y avaient vu une œuvre ſatanique
& c'eſt ſans doute la révolution d'Angleterre qui avait porté
obſtacle au développement de l'art ſcénique; il était tel que
ſous Charles II, on raconte que miss Nelginn, maîtreſſe du
roi, jouant ſainte Catherine, dans une tragédie de ce nom,
mourait à la fin en martyre avec pluſieurs de ſes compagnes; les garçons de théâtre s'approchant d'elle pour enlever
ſon corps avec ceux des autres morts, & ne comprenant pas
ce qu'elle leur diſait tout bas, elle leur cria : « Arrêtez,
chiens maudits, je dois me lever & réciter l'épilogue. » Si
pareille choſe ſe paſſait réellement en Angleterre, après la
reſtauration des Stuarts, on ne doit pas trop s'étonner de
l'inexpérience françaiſe quarante ou cinquante ans auparavant.

Nous terminerons ce chapitre en rapportant une anecdote
qui prouve le goût que la population françaiſe avait parfois
pour le théâtre & les ſingulières idées que l'on mettait en
œuvre pour impreſſionner le public. Lorſque Boiſrobert était
jeune, & cependant déjà chanoine à Rouen, avant ſon exil de
la Normandie & ſon départ pour Rome (ce qui doit placer
le fait vers 1620 ou 1625), il avait, avec quelques amis s'occupant d'art dramatique, organiſé une repréſentation de la

*Mort d'Abel.* Tous les rôles étaient diftribués, on fe préparait à fixer le jour où le public affifterait à la comédie quand
une perfonne influente réclama un rôle pour fon fils. Comment faire ? On s'ingénia, & pour ne pas refufer d'une manière défobligeante, on prit le retardataire, on l'habilla de
rouge, on le plaça fur une chaife à roulettes, & il repréfenta alors le *Sang d'Abel;* de temps en temps le fang d'Abel
traverfait le théâtre comme une tempête en criant : « Vengeance, vengeance! » Il y avait là excès de réalifme, mais
l'idée était fpirituelle dans fon excentricité.

# CHAPITRE II

## Repréſentation de MIRAME.

LA repréſentation de *Mirame* fut plus qu'un événement lit
téraire. C'eſt à tort qu'on a ſouvent imputé au cardinal de
Richelieu une jalouſie d'auteur tombé vis-à-vis de Corneille ;
certes, ſon amour-propre put être froiſſé de voir ſon œuvre
ne produire aucun effet, tandis que *le Cid*, diſcuté partout,
allait aux nues, mais ce ſentiment ne ſuffirait pas pour ex-
pliquer la rancune du cardinal & pour juſtifier certaine per-
ſécution à laquelle Corneille n'échappa que grâce à de puiſ-
ſants protecteurs. Une grave intrigue de cour, dans laquelle
Corneille, avec ſa naïveté d'homme de génie, avait donné
tête baiſſée ſans ſe douter de rien, était mêlée à toutes ces
diſcuſſions littéraires, — puis, brochant ſur le tout, une
pointe de jalouſie de Richelieu contre la reine vint encore
compliquer la ſituation.

Richelieu aimait à conférer avec les poëtes & les auteurs
dramatiques ; parfois il indiquait les ſujets à choiſir, écrivait
une partie des pièces, & Deſmarets paraît plus que tout autre
avoir réuſſi à lui plaire par une collaboration heureuſe du-

rant quelques années. Le cardinal fe délaffait donc des grandes affaires en travaillant en amateur. Péliffon (*Hifteire de l'Académie*) s'exprime ainfi : « Il eft certain même » qu'une partie du fujet & des penfées de *Mirame* étaient » de lui; & de là vint qu'il témoigna des tendreffes de père » pour cette pièce, dont la repréfentation lui coûta 2 à » 300,000 écus, & pour laquelle il fit bâtir cette grande falle » de fon palais qui fert encore aujourd'hui à ces fpectacles. »

Mais le cardinal avait la fufceptibilité trop ordinaire aux gens de lettres dont l'épiderme fe révolte à toute critique, &, en follicitant de fes collaborateurs l'indication de quelques corrections utiles, il regimbait parfois aux confeils qu'on lui donnait. C'eft ce qui était arrivé à propos de la « *Grande Paftorale*, » tragi-comédie dont il avait fait plus de cinq cents vers. Sur fa demande, Chapelain montra difcrètement quelques remaniements à faire ; le cardinal commença de lire la note que lui avait remife le poëte, mais il ne l'acheva pas & déchira, dit-on, le manufcrit. La réflexion le ramena toutefois à des idées plus douces ; il reconnut que les confeils donnés n'étaient pas tous mauvais, & l'affociation littéraire qui produifit les comédies dites des cinq auteurs continua de fonctionner comme par le paffé : ces cinq auteurs étaient Boifrobert, Corneille, Colletet, de L'Eftoile & Rotrou; à eux fe joignaient parfois Scudéry & Claveret.

Une anecdote montre combien la recherche de l'expreffion, l'affectation, étaient de mode dans ce petit cénacle ; elle femble indiquer que le cardinal pouvait avoir, le cas échéant, plus de bon fens, de jufte efprit & de foupleffe que fes poëtes ordinaires. Vers la fin de l'année 1635, la comédie des « *Thuilleries* » était prête, le cardinal venait d'en revoir une partie & il était queftion à certain endroit d'une cane, que, dans un baffin, l'on voyait

. . . . . *barboter dans la bourbe.*

Une longue difcuffion s'éleva. Colletet prétendit que le mot

« barboter » était trop trivial; le cardinal le trouvait au contraire exact & voulait conferver l'expreffion. Colletet propofa :

> . . . . s'*humeĉter dans la bourbe,*

comme plus noble; Richelieu céda & la pièce, précédée d'un prologue en un acte par Chapelain, fut repréfentée peu de temps avant *le Cid* au palais Cardinal (Palais-Royal), dans la falle où le cardinal donnait fes fêtes dramatiques, falle qui bientôt devait être remplacée par une autre plus brillante.

*Le Cid* allait alors devenir contre le cardinal une arme plus dangereufe que les confpirations, & bien que Corneille n'ait pas fenti probablement le faux pas qu'on lui avait fait faire, il n'eft pas étonnant que Richelieu ait vu cette pièce avec répugnance.

L'efpagnol, depuis longues années, était de mode à la cour; les courtifans affectaient de parler cette langue comme à une autre époque on les avait vus parler italien, comme on les vit plus tard parler anglais. Il y avait là un fouvenir de la Ligue & de la domination antinationale que les Efpagnols avaient exercée fur une partie de la France; Louis XIII, en époufant la fille de Philippe III, augmenta encore cette fantaifie à la mode, qui dura fi longtemps que, malgré Mazarin & fon cortége d'Italiens, l'efpagnol était encore ufité fous Louis XIV, & Molière fe conforma à cet ufage dans les divertiffements de fes premières comédies.

Cependant au fond, la nation françaife n'aimait pas les Efpagnols; les caricatures du temps en font foi & Corneille obéiffait au fentiment national en écrivant l'*Illufion comique* dans laquelle le matamore efpagnol était bafoué à plaifir. Mais la reine Anne d'Autriche fut mécontente de cette critique de fa nation dont elle voulait impofer les goûts à la France rechignée; elle fit favoir fon déplaifir à Corneille qui ne demandait pas mieux que de faire fa paix avec la reine & qui, fans voir l'intrigue qui s'agitait autour d'elle contre le

cardinal, donna tête baiffée dans le panneau que lui tendit le
parti efpagnol. Il eft au refte préfumable que ce parti ne fe
doutait pas de l'effet qu'allait produire la nouvelle œuvre de
Corneille.

De Chalons, fecrétaire de Marie de Médicis, retiré à Rouen,
avait cherché un fujet efpagnol qui pût plaire à la reine, —
il fongea au *Cid*, & le propofa à Corneille. Celui-ci, ne
voyant que le côté théâtral & dramatique de l'idée, accepta
avec joie le fujet offert, & en 1636, la Cour fut la première
à organifer, en faveur de la nouvelle tragi-comédie, un fuccès
hors ligne. On la joua trois fois au Louvre avant que les
comédiens de l'hôtel de Bourgogne ne la repréfentaffent fur
leur théâtre; la paffion politique fe joignit à l'amour pour
vanter Rodrigue & Chimène.

Richelieu fentit le coup, mais il fit bon vifage; *le Cid* fut
joué deux fois de fuite dans fes appartements; fur la demande de la reine, il donna des lettres de nobleffe à Corneille,
mais il couvait au dedans une fourde colère. La cour de la
reine faifait plus de bruit que jamais : « Eh quoi ! Corneille,
» penfionné par moi, fe difait le cardinal, prète l'éclat de fon
» génie au parti efpagnol; il fe fait fon complice; il glorifie
» l'Efpagne alors qu'il y a quelques mois à peine fes armées
» étoient encore à Corbie, à vingt lieues de Paris! » — Corbie avait été repris, mais n'était-il pas au refte fingulier que
ce fût Corneille qui cherchât à réhabiliter les vaincus. Puis
un autre grief irritait le cardinal; il avait fulminé contre les
duels, & dans *le Cid* encore, comme fi le poëte eût accu-
mulé tout ce qui pouvait irriter fon protecteur, Corneille faifait l'apologie du duel, — duel de don Diègue & du comte,
duel du comte & de Rodrigue, duel de Rodrigue & de
D. Sanche. C'était comme un coup monté.

Le parti de la reine s'empara de la poéfie de Corneille pour
en appliquer les vers aux circonftances politiques; chacun connaît
la facilité merveilleufe de l'efprit français à fe fervir des textes
en apparence les plus inoffenfifs pour en faire jaillir le trait

approprié aux befoins du moment. En 1637 d'ailleurs, les
événements étaient devenus affez graves ; il y eut des arreftations dans l'entourage de la reine qui, encourageant la rébellion contre le cardinal, avait reçu le duc de Lorraine
déguifé au Val de Grâce. Le cardinal penfa à févir contre
P. Corneille, car ce dernier dans fon épître à M^{me} la ducheffe d'Aiguillon la remercie d'avoir en fa faveur employé
fon grand crédit ; fon intervention le fauva d'une difgrâce
complète.

Richelieu, animé d'un reffentiment peut-être légitime, quoiqu'exagéré, contre Corneille, eut la faibleffe de laiffer le foin
de fatisfaire fa rancune à fes inférieurs ; la jaloufie littéraire
entra alors en lice ; les complaifants d'antichambre, au talent
vulgaire, quand ils en avaient, s'acharnèrent après l'œuvre du
grand homme fourvoyé dans une intrigue de cour & chacun
chercha à nuire à fon fuccès. Scudéry, auteur de *l'Amour
tyrannique*, mauvaife pièce vantée par efprit de parti, Claveret, auteur d'une *Place royale*, Boifrobert, furent les plus
acharnés. Rotrou feul fe retira, eftimant trop fon ami Corneille pour chercher à lui être hoftile.

Boifrobert écrivit une parodie du *Cid* qui fut jouée au palais Cardinal par des laquais, & l'Académie, fortant, felon
fon habitude, des queftions littéraires, fe transforma en tribunal politique & cenfura *le Cid*.

Toutefois ce qui laiffe à penfer que le cardinal perfonnellement fe tint à l'écart des actes de fa coterie, c'eft qu'en
1639, lors des troubles de Rouen, Corneille ne craignit pas,
pour apaifer fa colère contre les agitateurs, de lui adreffer
une partie des vers de *Cinna*.

D'ailleurs, telle eft la puiffance du génie, que *le Cid*, avec
fes excès & fon exagération efpagnole, furvécut aux perfécutions ; & bien plus, à l'extinction du beau feu de paille
qui en avait facilité le fuccès, il éclipfa les pièces des 5 auteurs, & fi la parodie de Boifrobert eft en partie arrivée jufqu'à nous, ce ne fut que fous la protection des vers de Corneille.

L'explication des caufes de la rancune du cardinal nous a entraînés loin de *Mirame*; — il n'eſt nul doute que le cardinal n'ait apporté beaucoup de foin à fa rédaction & qu'il n'en ait fait une queſtion d'amour-propre — il eût été heureux de lutter avec Corneille. Mais certainement auſſi le luxe apporté dans la mife en fcène, les dépenfes exceſſives qu'il fit pour ériger un théâtre fpécial, accufent une intention galante vis-à-vis de la reine; c'était un hommage rendu, un fplendide *cadeau* offert d'une manière ingénieufe, & les auteurs du temps prétendent qu'il y eut dans *Mirame* une intention maligne contre celui que la chronique fcandaleufe défignait comme aimé de la reine. Tallemant des Réaux dit en effet que dans cette pièce on vit, fous des noms fuppofés « Bouc- » quinquant (Buckingham) favori de la reine, battu par le » cardinal. » L'intention du cardinal était-elle bien celle qu'on lui prête? Le public ne mit-il pas plutôt, au contraire, après coup les noms fur les mafques? C'eſt ce qu'un examen attentif des faits comparés avec le poëme de *Mirame* paraît indiquer.

Revenons à préfent à cette pièce & aux dépenfes faites pour fa repréfentation.

L'ancienne petite falle que le cardinal poſſédait dans fon palais était infuſſifante; elle ne contenait que 600 perfonnes; Richelieu voulut la remplacer par une autre auſſi vaſte que le local pouvait le permettre, & munie de tous les perfectionnements d'alors pour les machines & les décors. Cette inſtallation du théâtre du Palais-Royal conſtitue donc un point de repère intéreſſant pour l'hiſtoire de la mife en fcène.

Il y eut un concours pour favoir qui ferait chargé de la conſtruction; l'architecte Mercier fut celui qui donna les plans les plus majeſtueux, le projet le plus folide; il ne put malheureufement développer la falle comme il aurait voulu, car l'efpace deſtiné au bâtiment était reſſerré entre une rue & une cour : cette falle fut rectangulaire, en forme de parallélogramme allongé; elle avait 9 toifes de large en dedans.

— (Après la mort de Richelieu elle fervit à des repréſentations publiques ; la troupe de Molière y joua, puis l'Opéra
vint s'y établir enſuite ; brûlée au xviiiᵉ fiècle, elle fut re-
conſtruite par Moreau.) La ſcène était à un bout, & à l'autre
extrémité il y avait 27 degrés de pierre diſpoſés en amphithéâtre à pente douce, terminé par un large & théâtral portique à trois arcades. Deux balcons dorés (un ſeul rang de
chaque côté) rejoignaient en outre le portique à la ſcène. Le
plafond était peint par Lemaire, en perſpeƈtive avec une colonnade corinthienne ſoutenant une voûte « enrichie de ro-
zons ; » cette décoration devait être lourde. La couverture
de cette ſalle fit longtemps l'admiration des architeƈtes ; elle
ſe compoſait « d'une manſarde en plomb, poſée ſur une fort
» légère charpente & particulièrement ſur 8 poutres de chêne,
» chacune de deux pieds en carré, ſur 10 toiſes de long. » —
Pareille force, pareille longueur de bois de chêne ne s'étaient
jamais vues ; chacune de ces poutres portait, en aſſemblages
divers, 80 pièces de bois, & le maximum était d'ordinaire de
30 à 35 ; cette différence donne une idée de la réſiſtance hors
ligne de ces charpentes qu'on ne put réparer après la mort
du cardinal, parce que de ſemblables bois coûtaient trop
cher. Quand on avait parlé de poutres devant avoir de telles
dimenſions les charpentiers s'étaient mis à rire ; cependant
on les trouva ; on abattit dans les forêts royales de l'Allier,
aux environs de Moulins, 8 chênes de 20 toiſes de hauteur ;
on les tailla ſur place & chaque ſolive coûta 8,000 livres de
tranſport.

Le cardinal s'était auſſi beaucoup occupé avec ſon archi-
teƈte des ſiéges & des degrés ſur leſquels on les poſait ; les
degrés des théâtres antiques avaient un pied et demi de hauteur ; cela parut trop conſidérable pour monter & deſcendre
avec facilité, & Mercier exécuta des emmarchements de 5 pouces
& demi de haut ſeulement, ſur 23 pouces de profondeur.
Mais comme il eſt impoſſible de s'aſſeoir ſur des degrés qui
n'ont que 5 p. 1/2, & qu'autant vaudrait s'aſſeoir à terre,

ces degrés fi bas ne fervirent que de marchepieds. — On
plaçait fur chacun d'eux, aux jours de comédie, une longue
fuite de formes « en bois » qui ne couvraient guères que
les 2/3 de la furface des 23 pouces ; les fpeclateurs rangés
fur un degré n'étaient donc élevés que de 5 p. 1/2 au-deffus
de ceux qui occupaient le rang inférieur. Les têtes étaient ainfi
placées commodément pour bien voir ; mais il y avait un revers
de médaille à ce fyftème qui parut alors conflituer le confor-
table le plus raffiné : c'eft que fur 23 pouces de profondeur
il fallait qu'un fpeclateur trouvât le moyen de s'affeoir & de
développer fes jambes ; l'efpace nous femble terriblement
économifé ; les dames du xviie fiècle ne portaient pas encore,
il eft vrai, des paniers ; mais fi fous le rapport de la pente,
ce fyftème valait mieux que celui des cirques antiques, nous
ne penfons pas qu'il fût équivalent comme largeur de place
& bien-être.

Le moment était heureufement choifi pour donner une œuvre nouvelle à la cour ; les efprits s'occupaient beaucoup de
théâtre. En 1640, des dames de la cour, aimant la comédie,
firent un fonds commun pour avoir le fpectacle deux ou trois fois
la femaine pendant l'hiver. La reine, la comteffe de Soiffons,
la princeffe de Rohan, étaient les organifatrices de ces fêtes.
« La compagnie étoit choifie, & comme toutes chofes y
» étoient admirables, auffi faut-il avouer que les comédiens ex-
» celloient dans leur action, entre lefquels on avoit vu paraître
» le rare Mondori, qui n'a point laiffé de fucceffeur & qu'on
» eût pu comparer, fans flatterie, au Rofcius des anciens. »
Tout fe préparait donc pour donner de l'éclat à la repréfentation de *Mirame* & chacun fe promettait d'admirer les
machines nouvelles qui faifaient lever le foleil & la lune, &
paraître la mer dans l'éloignement, chargée de vaiffeaux. Le
public était foigneufement trié & choifi : « On n'y entroit, » dit
l'abbé de Marolles, « que par billets, & ces billets n'étoient
» donnés qu'à ceux qui fe trouvèrent marqués fur le mémoire
» de Son Éminence, chacun felon fa condition ; car il y en

» avait pour les dames, pour les feigneurs, pour les ambaf-
» fadeurs, pour les étrangers, pour les prélats, pour les offi-
» ciers de la juftice & pour les gens de guerre. » L'entrée
de la falle était fi malaifée, & l'on était fi exclufif des perfonnes, que l'abbé de Boifrobert, malgré fon intimité chez le
cardinal, fut exilé, à la requête de M^me la ducheffe d'Aiguillon, pour avoir fait entrer à la repréfentation deux dames
de vertu douteufe, qui tenaient, comme leurs femblables des
XVIII^e & XIX^e fiècles, à affifter à une PREMIÈRE. L'Académie,
obligée de Boifrobert, le réclama, mais le cardinal fit longtemps la fourde oreille; Boifrobert ne revint qu'après que,
dans un moment de maladie & de bonne humeur à la fois,
le cardinal eut accepté en riant une ordonnance de fon
médecin Citois, contenant cette prefcription : Recipe Boifrobert.

La pièce de *Mirame* ne nous paraît pas en fomme plus
mauvaife que beaucoup d'autres admirées par tradition, uniquement parce qu'elles portent le nom de tel ou tel auteur ;
elle a toutefois un grand défaut, c'eft l'affeétation dans la
penfée & la recherche exceffive dans l'expreffion. L'intrigue
eft celle des tragi-comédies du temps. Mirame eft fille du roi
de Bithynie; elle aime Arimant, un vrai parvenu, qui commande la flotte du roi de Colchos ; Arimant veut enlever la
princeffe, mais il eft battu & fait prifonnier par Azamor, roi
de Phrygie, auquel le roi de Bithynie veut donner fa fille.
Arimant, défefpéré, ordonne à fon efclave de lui paffer fon
fabre au travers du corps, & Mirame fait acheter du poifon
pour ne pas lui furvivre. Cependant elle feint de confentir à
époufer Azamor, puis elle prend le poifon. Voilà les deux
amants morts. Mais Almire, confidente de Mirame, vient
annoncer que cette dernière n'eft point morte & n'eft qu'en-
dormie; de fon côté, Arimant n'eft que bleffé, & il fe trouve
qu'il eft frère d'Azamor ; le père de Mirame l'adopte pour fon
héritier & lui donne fa fille.

La mife en fcène, tout en accompliffant un progrès fenfible, était encore fimple; le fentiment littéraire l'emportait fur le plaifir des yeux.

*Mirame* n'avait qu'un feul décor. C'était un parterre avec colonnade ornée de ftatues fervant de fontaines, & dont la corniche eft furmontée de vafes d'où s'échappent de petits jets d'eau; maffifs à droite & à gauche; au fond, une baluftrade, avec douze ftatues, domine la mer prolongée jufqu'à l'horizon. Ce pays idéal repréfentait le jardin du Palais royal à Héraclée. Ce décor était charmant; il a comme un parfum du temps & il conferve l'unité de lieu, c'était la convention & pas encore le trompe-l'œil. L'afpect du décor était varié par la lune qui eft vifible fur l'un des deffins & par le foleil qui fe lève dans un autre; la lune du *Freyfchütz* & le foleil de *Guillaume Tell* ne font donc point d'invention nouvelle.

Les gravures qui nous ont tranfmis le fouvenir de la repréfentation de *Mirame* font au nombre de fix, y compris le frontifpice; il y en a une pour chaque acte; elle repréfente la fcène principale.

Le frontifpice donne l'afpect du rideau qui gliffait latéralement en deux parties, & du cadre de la fcène, décoré de deux ftatues placées dans deux niches de chaque côté; fi l'on s'en rapportait aux proportions données à deux pages qui regardent en foulevant la toile, les dimenfions du théâtre euffent été énormes. Il n'y a pas de rampe pour éclairer la fcène & fix degrés, au milieu, relient le plancher du théâtre au fol de la falle.

La gravure du 1ᵉʳ acte repréfente la fcène IVᵉ, l'arrivée d'Azamor chez le roi. — Au 2ᵉ acte, la lune brille, & le théâtre eft affombri pour faciliter l'entrevue que la confidente a ménagée aux deux amants Mirame & Arimant, fcène IVᵉ — La gravure du 3ᵉ acte repréfente le jardin d'Héraclée pendant le jour; le foleil brille; c'eft alors qu'a lieu la fcène entre Arimant prifonnier, gardé à vue, & Mirame. — Au 4ᵉ acte, le ciel eft pur; Mirame défefpérée eft en fcène avec fa fuivante & deux pages. — Au 5ᵉ acte, fcène dernière, tous les perfonnages font réunis ; les infortunes des amants font terminées, Mirame s'évanouit dans les bras de fes femmes, par la joie qu'elle éprouve en apprenant qu'Arimant n'eft pas mort.

Les coftumes des femmes font ceux de 1640, avec le corfage décolleté, orné de dentelles, à manches larges & très-ferré à la taille ; fur la tête eft une plume qui retombe en arrière. Les hommes ont les jambes apparentes jufqu'aux genoux ; des jarretières de rubans, des brodequins à bouffettes ; ils ont la petite jupe ronde attachée à la taille, la vefte courte ; entre la jupe & la vefte, la chemife bouffe avec un flot de rubans, les manches bouillonnent ornées de guipures ; la grande collerette, les cheveux longs, la toque à plumes, complètent le coftume. Quelques-uns ajoutent la cuiraffe barrée d'une écharpe pour foutenir l'épée, & changent la toque pour un large chapeau.

Mais tout cet anachronifme femble naturel ; rien d'ampoulé, rien d'exagéré ; quelque chofe d'incertain & de fiêtif comme le pays que repréfente le décor.

Le cardinal affifta, fuivant les uns, à la repréfentation ; « tranfporté quand on applaudiffait ; tantôt il fe levait & fe » tirait à moitié hors de fa loge pour fe montrer à l'affemblée, » tantôt il impofait filence pour faire entendre des endroits en- » core plus beaux. » Suivant les autres, il aurait été attendre à Rueil le réfultat de la foirée ; lorfque Defmarets vint lui an- noncer que l'effet n'avait pas été auffi beau qu'on l'eût efpéré, le cardinal lui répondit : « Eh ! bien, les Français n'auront » jamais du goût pour les belles chofes ; ils n'ont point été » charmés de *Mirame !* » La première verfion femble plus pro- bable que la feconde ; le cardinal, recevant chez lui le roi & la reine, n'avait guères pu fonger à laiffer là fes invités & à fe retirer à Rueil. Mais une chofe paraît certaine, c'eft que le fuccès fut peu brillant, & le cardinal s'en aperçut fi bien que Defmarets, toujours attentif à le fatisfaire, rejeta la faute fur les aêteurs « qui tous étaient ivres & ne favaient pas leur » rôles. » A cette époque, chez les comédiens, pareille chofe ne caufait pas, dit-on, trop de furprife. Une deuxième repréfenta-

tion, organifée par Defmarets, avec une claque payée, illu-
fionna fi bien le cardinal qu'il refla perfuadé qu'il avait fait
un chef-d'œuvre.

Selon l'abbé de Marolles, qui affifta à la première repréfentation & la place au 14 janvier 1641 (contrairement à la
date donnée par les frères Parfaict), *Mirame* dut fon infuc-
cès à ce qui devait faire fa gloire : aux machines. Elles gâ-
tèrent la poéfie, & les yeux trop occupés ne laiffcrent pas
aux oreilles le loifir d'entendre. L'abbé de Marolles eft au refte
l'ennemi des machines, mécaniques & perfpectives ; elles lui
gâtaient toujours le fpectacle ; l'efprit, difait-il avec affez de
raifon, n'eft pas fatisfait ; le récit des bons acteurs, la bonne
invention, les beaux vers, voilà ce qu'il demande ; « le refte
» n'eft qu'un embarras inutile, qui donne même de faux jours
» & qui fait paraître les perfonnages des géants, à caufe des
» éloignements exceffifs de la perfpective, dont il faut que les
» efpèces foient merveilleufement petites dans la proportion,
» pour tromper la vue. » La cour de Louis XIV, quelques
années plus tard, fut loin de partager l'avis de l'abbé de Marolles.

Après la repréfentation de *Mirame*, dans le même décor,
M. de Valençay, évêque de Chartres, parut fur le théâtre en
habit court, & vint préfenter la collation à la reine avec plufieurs officiers portant vingt baffins de vermeil doré, « char-
» gés de citrons doux & de confitures. » Puis le fond du
théâtre s'ouvrit pour former la falle de bal ; la reine vint
s'affeoir fous un dais, ayant à côté d'elle, un peu en arrière,
Son Éminence (qui n'était donc pas à Rueil), vêtue d'un fuperbe manteau de taffetas couleur de feu doublé d'hermine.

Le roi s'était retiré après la comédie.

Dans les repréfentations fuivantes de *Mirame,* on ajouta
un ballet de rhinocéros qui eut plus de fuccès que les vers
de Son Éminence. La même année, les machines reffer-
virent pour le *Ballet de la profpérité des armes de la
France,* en cinq actes, avec trente-fix entrées ; on ajouta aux

décors déjà vus les tableaux : la campagne d'Arras, la plaine
de Cafal, les Alpes avec effet de neige, la mer par une tempête, & la defcente de Jupiter dans une gloire ; mais ce ballet ne réuffit pas ; on trouva les coftumes mal appropriés au
fujet, & les chars n'étaient traînés par rien, ce qui fembla
contraire à toute vraifemblance. Il y avait bien d'autres chofes
qui n'étaient pas vraifemblables & qu'on acceptait cependant
fans fe récrier.

En revanche, ce qu'il y eut « d'exquis, » ce fut « les fauts
» périlleux d'un certain Italien, appelé Cardélin, qui repré-
» fentait la Victoire en danfant fur une corde cachée d'un
» nuage & parut s'envoler au ciel. » Un faifeur de tours de
force a toujours eu, en France, un fuccès au moins égal à
celui d'un bon comédien.

Malgré fon peu de fuccès, malgré le peu de cas qu'on fit
plus tard de fa valeur, *Mirame* mérite d'être lue ; il faut faire
la part des circonftances où elle fut jouée. Sa repréfentation
pour nous, avait une importance particulière ; ce fut le premier effai, richement protégé par un perfonnage éminent &
intelligent, du drame littéraire avec mife en fcène exceptionnelle ; il ne manquait que quelques intermèdes muficaux pour
égaler, fi ce n'eft furpaffer, comme valeur d'imagination, les
productions de l'Italie. L'opéra français n'était plus loin.
La diftance eft énorme entre *Mirame* & les derniers ballets
du règne de Louis XIII ; on fent une tendance littéraire irré-
fiftible, & cette repréfentation eft intéreffante auffi bien fous
le rapport de la poéfie que fous celui des décorations & des
coftumes.

# CHAPITRE III

Maintenant, à côté de *Mirame*, examinons ce qu'était devenu l'art décoratif fur les théâtres italiens ; un très-petit nombre d'exemples nous fervira de point de comparaifon, & nous verrons quels progrès s'étaient accomplis depuis le commencement du fiècle jufqu'à l'époque qui nous occupe. Cette étude n'eft pas inutile, car c'eft peu d'années après *Mirame*, que les premières troupes italiennes, artiftes & machiniftes, furent appelées à la cour de France.

En 1616, pour le carnaval, dans la falle du palais du grand duc de Tofcane, on repréfenta le ballet intitulé : *La Liberatione di Tirreno ;* Callot, alors à la cour de Florence, avait deffiné les décors, les coftumes & une partie de la mife en fcène.

Tyrrhène était fils d'Ulyffe ; & il s'agit dans le ballet d'une fuite des démêlés d'Ulyffe avec Circé. Cette œuvre relie bien comme organifation matérielle & poétique le vieux ftyle

avec le nouveau ; c'eft un jufte milieu curieux entre le *Ballet de la Reine* (dont il femble une imitation) & les premiers ballets de la minorité du roi Louis XIV. On trouve
lors de *Tyrrhène* le mélange des acteurs avec le public ;
une partie des danfes a lieu au milieu des affiftants. La falle
eft longue & étroite ; la fcène, petite, eft placée à un bout ; des
gradins occupent l'autre extrémité. Le fyftème d'éclairage n'eft
pas indiqué fur le deffin ; nous en conclurons affez volontiers
que la repréfentation eut lieu de jour ; le théâtre communique
avec la falle par deux rampes latérales à pentes affez raides ;
le plafond eft plat, à caiffons fculptés ; à droite & à gauche
font des murs fans décoration, fauf des bancs dans le bas où
font affis quelques affiftants ; une partie du public au fond &
fur les côtés fe tient debout pour affifter à la fête ; quatre ftatues décorent l'encadrement du théâtre.

Les trois deffins de Callot relatifs à cette repréfentation
font les fuivants :

1ᵉʳ Intermède : Une forêt avec une montagne au milieu. Des
nymphes danfent fur la fcène & dans la falle, exécutant ce
que l'on appelait des figures géométriques.

2ᵉ Intermède : L'enfer. Circé a appelé Pluton à fon fecours
pour la venger de Tyrrhène. Le décor repréfente une architecture ruinée, infpirée un peu trop des vieux maîtres italiens ; c'eft un enfer trop régulier pour l'imagination de Callot. Au fond, deux tours laiffent échapper des flammes ; des
monftres volants font foigneufement équilibrés par groupes ;
en avant eft un démon trois fois haut comme les autres :
c'eft le Gigante Tifeo fotto. Le géant était alors un grand
moyen d'effet fur le théâtre ; dans toutes les fêtes, dans les
défilés, on plaçait plufieurs de ces énormes ftatures ; comment les obtenait-on ? les deffins ne le laiffent pas deviner —
fans doute par des échaffes ajoutées aux jambes & par de
fauffes têtes placées fur les épaules — mais alors l'effet devait
être médiocre.

3ᵉ Intermède : Apparition de Vénus qui vient féparer les

combattants. La fcène fe paffe dans un palais à colonnade ;
au fond eft un hémicycle de marbre avec des ftatues placées
fur le couronnement ; c'eft un des premiers effais du décor
majeftueux. Les combattants portent la cuiraffe ajuftée, le bas
de faye à lanières (la petite jupe), le morion à plumes ; les
étoffes font brodées & ornées de bouffettes ; à droite un tambour & une flûte, coftumés à la Louis XIII, excitent par
leur mufique l'ardeur des guerriers. Dans le ciel, Vénus & fa
cour font placés fur un nuage ; les fuivantes de Vénus jouent
des harpes, des tambours de bafque, & des baffes de viole.
C'était le tableau final.

*Tyrrhène* était un fujet profane ; à côté des œuvres de ce
genre l'efprit religieux créait des repréfentations d'un autre
ftyle. La plus remarquable fut celle de *l'Adamo*, par le Flo-
rentin Andreïni ; l'auteur intitule fon œuvre « repréfentation
facrée » & la dédie à la reine Marie de Médicis de France.
*L'Adamo* eft certes de beaucoup en retard, comme effets fcéniques, fur *Tyrrhène*, bien qu'il ait été joué à la même
époque (1617), mais c'eft une œuvre intéreffante à tous les
points de vue ; elle paraphrafe la Bible dont elle fuit affez
fcrupuleufement le texte ; c'eft une forte de Paradis perdu italien mis en action, contenant la perfonnification des péchés,
de la douleur, de la mort & de la rédemption.

Le décor repréfentait le paradis terreftre ; il changeait peu
durant toute la pièce. Au deuxième plan on voit une petite haie de fleurettes ; au milieu de cette haie fe dreffe
une petite arcade de verdure avec un petit jet d'eau ; par
derrière, un petit jardinet s'étend avec de petites plates-bandes
au nombre de neuf, ornées en tout de trois petits arbuftes
tirés d'une boîte de jouets de Nuremberg. Au fond fe pro-
filent quelques coteaux. Un petit foleil de lanterne magique
éclaire le ciel. Sur le devant il y a, à droite un petit palmier,
à gauche un arbre plus grand que les autres. Ce paradis, de
proportion réduite, ne donne pas une haute idée de l'imagination de l'auteur : fur le bord de la fcène fe promènent un

chien, un tigre, un finge, un coq & deux pigeons ; à côté,
deux lapins jouent & font des culbutes. C'eſt dans ce décor
que s'engage le drame fans grands effets de théâtre juſqu'au
moment de l'apparition de Satan qui fort de terre au milieu
des flammes, avec une queue de ferpent, des ailes & un trident; Belzébuth, Lucifer & d'autres démons, avec des têtes de
bêtes fur les épaules, accourent à fon appel, les uns volant,
les autres fortant de terre comme leur maître. L'apparition
de Satan terminait le premier acte. Aux deuxième & troiſième
actes, les anges jouent des flûtes, des luths, des violes, on dirait d'un tableau d'un artiſte primitif & inexpérimenté. Adam
& Eve, nus tous deux, adorent Dieu; les animaux viennent
inoffenfifs, recevoir les noms qu'ils porteront; dans le défilé
figure un griffon, animal héraldique que la flatterie pré-
voyante vis-à-vis des nobles affiſtants avait engagé l'auteur à
faire figurer en bonne place. Cet acte engageait la fituation
principale, celle du péché. Satan, monté fur un char, appelait à fon aide le géant Vana Gloria, perfonnification de l'A-
mour-propre pouffé au dernier point; Ève était féduite par
le ferpent-femme monté fur le pommier; ici le décor, légèrement modifié, femble indiquer que le pommier avait apparu
pour la circonſtance. Ève cueille alors la pomme ; les démons envahiffent le paradis, fonnant des conques, & Dieu
vient à la fin de l'acte, dont les fcènes font fort courtes, juger
les coupables. Il eſt porté fur un nuage foutenu par des
anges; Adam & Ève s'habillent alors; Ève revêt un manteau fait de feuillage ; Adam prend plus fimplement une
bloufe. Le quatrième acte montre la lutte & les complots des
démons ; des inventions monſtrueufes circulent en l'air, mais
combien elles font inférieures à celles de Callot! Satan veut à
fon tour créer le monde ; il allume un feu diabolique, fa-
brique une boule de terre, & quatre cyclopes la forgent à coups
de marteaux au-deffus de la flamme ; la boule éclate projetant
de tous côtés une pluie d'êtres humains inachevés. A ce coup
les démons difparaiffent & laiffent la fcène libre.

Le décor s'eft encore modifié ; le paradis n'eft plus aperçu
que dans le lointain pour fignifier l'expulfion d'Adam ; le devant du théâtre figure la terre où il a été exilé ; il laboure ;
fa charrue eft traînée par deux bœufs. Au milieu des coups
de tonnerre, la Mort furgit du fol fous la forme d'un fque-
lette portant une faux.

Avec le cinquième acte, auquel nous fommes arrivés, commence la partie la plus vigoureufe du poëme au point de vue
dramatique ; c'eft la lutte d'Adam & d'Eve contre les péchés
créés par le diable ; ils fuccombent à toutes les féductions,
& parcourent, dans une fuite de fcènes où font perfonnifiées
toutes les paffions, la férie des carrières humaines ; Adam
épuife peu à peu toutes les jouiffances jufqu'à celles du pouvoir ; un moment il eft roi & un petit palais apparaît fur la
droite du fpectateur. Dans cet acte était une danfe de nymphes
pour fymbolifer la luxure. De même que Fauft, dont l'*Adamo*
femble être là une ébauche, il faut qu'Adam meure ; alors a
lieu la lutte des démons & des anges ; Saint Michel defcend
du ciel & précipite Satan dans l'enfer. Un des deffins repréfente la chute de quatre démons pouffés par deux anges au
milieu des flammes qui fortent du plancher. Un chant d'actions
de grâce terminait la pièce, & les perfonnages faifaient tableau :
Dieu dans le haut avec les anges porteurs des longues trompettes traditionnelles, Adam & Ève agenouillés au bas. —
Saint Michel, debout fur un nuage, habillé à l'antique, avec
pourpoint de buffle ajufté, un cafque romain & des ailes,
reliait les deux groupes.

L'*Adamo* eft une de ces curiofités que recherchent avi-
demment les bibliophiles ; c'eft un petit in-folio carré publié
à Milan en 1617 ; quarante gravures au trait, grandeur de
demi-page, retracent non-feulement chaque fcène, mais tou
mouvement important accompli pendant fa durée ; c'eft un
mife en fcène complète & illuftrée. La fcène eft indiqué
comme étant très-petite ; dix perfonnages au plus l'empliffent
complétement en hauteur & en largeur, & tous ces deffin

naïfs mais expreffifs laiffent l'idée qu'ils ont été réalifés fur
un petit théâtre particulier femblable à nos théâtres de fo-
ciété ; ils ont au refte une allure de fincérité inconteftable,
l'artifte femble dire : « voilà ce que j'ai vu & je n'ai point
penfé à orner mon fujet. » Des interprétations philofophi-
ques, imprimées en marge, complétaient pour le fpectateur
ou le lecteur l'intérêt du drame, & la difcuffion théologique
intervenait au milieu du délaffement du fpectacle, c'était le
cas ou jamais de placer en tête la devife connue de : *Caftigat
ridendo mores.*

Ce mélange de préceptes de religion, de drame & de ballet,
eft caractéristique du temps & des cours italiennes, il accufe
de plus la perfistance de la forme des anciens myftères, réduite à un petit cadre. Au refte, les cinq actes de cette
œuvre morale, affez médiocres au point de vue de l'enfemble
& de la contexture, renferment parfois quelques fituations
dramatiques traitées d'une manière remarquable.

Quelques années après l'*Adamo*, le cardinal Barberini fit
repréfenter à Rome, au palais de la Cancellaria, un *Saint
Alexis*, drame religieux dont nous n'avons trouvé que les décors. — Saint Alexis était le fils d'un puiffant fénateur romain ; converti au chriftianifme, il quitta la maifon pater-
nelle pour aller prêcher la religion nouvelle ; lorfque quelques années plus tard il fe préfenta chez fon père, il ne fut
plus reconnu de lui : tout au plus le laiffa-t-on vivre dans
les fervitudes du palais, fous un efcalier de bois où il paffa
les dix-huit dernières années de fa vie. A Rome, dans l'églife
Saint-Alexis fur l'Aventin, on conferve encore foigneufement
l'efcalier fous lequel mourut Alexis.

Ce fut cette légende que le cardinal Barberini fit mettre
en drame. Le palais du père d'Alexis offre des perfpectives
régulières & de riches colonnades ; ce décor, comme au refte
les deux derniers, dans lefquels figurent des anges & le
groupe de la Foi fufpendus dans les airs, fe rattachent au
ftyle pompeux ; il offre quelque analogie avec le dernier décor

de *la Liberatione di Tyrreno* & fe fépare complétement
comme flyle des deffins de l'*Adamo*. Mais le deuxième décor
du Saint-Alexis eft extrêmement curieux ; il repréfente un
payfage charmant, un payfage *nature ;* il manque de couleur
locale, car la fcène fe paffe en Phrygie où saint Alexis
exhorte à embraffer le chriftianifme, les habitants qui danfent aux fons de la guitare ; mais à part ce défaut c'eft un
tableau gracieux ; une rivière circule aux plans fecondaires
& fe perd dans des lointains lumineux & parfaitement dé-
gradés. Ce décor ne porte ni date, ni fignature ; nous avons
infifté fur lui, parce que c'eft, il nous femble, le feul exemple
de décor deffiné fans préoccupation d'équilibre que nous
ayions vu dans nos recherches.

Il nous faut à préfent fauter environ quinze années en avant ;
elles ont été remplies pour nous par les repréfentations du
règne de Louis XIII, & les détails que nous donnerions fur
les fpectacles du même temps en Italie ne conftitueraient
guère que des redites.

Padoue, ville morte à préfent, brillait au xvii<sup>e</sup> fiècle d'un
éclat artiftique ; en 1636, le marquis Pio Enea Obizzi, que
fes prénoms femblaient vouer à l'étude de l'antiquité, écrivit
& fit représenter l'*Ermione*. Ce ballet, à la fois ballet, opéra,
tragi-comédie, fut joué à Padoue dans le palais de l'auteur
& fervit d'introduction à un tournoi à pied & à cheval ;
la pièce était mêlée à ce divertiffement, elle l'amenait & le
complétait ; elle fe reffent trop des fêtes avec carroufels &
machines ; l'élément théâtral n'y tient pas la principale place,
mais, fauf fon développement exceffif & fa trop grande va-
riété, elle fe rapproche affez de la *Finta Pazza* & de
l'*Orfeo* que nous verrons plus loin.

Le drame était divifé en trois actions qui fe reliaient tant
bien que mal enfemble : l'Enlèvement d'Europe, les Aven-

tures de Cadmus, les Mariages. Le fieur Alfonso Chenda
avait conftruit les machines de cette foirée. L'hiftoire d'Europe, celle de Cadmus, font affez connues pour que nous
n'infiftions pas fur le développement des actions. Le Prologue, comme tous fes pareils, eft à la louange de l'amphytrion ; il fe paffait dans le même décor que l'Enlèvement
d'Europe : un port ayant à droite des murailles & des maifons, à gauche des rochers, en avant un quai étroit &
praticable. Iris traverfait la fcène appuyée fur l'arc-en-ciel ;
puis, après un chœur d'Amours, le ciel & les nuages s'agitaient comme mus par « un vent doux » & Mercure apparaiffait avec Jupiter fur un char traîné par deux aigles dont
le « mouvement femblait naturel. » Mercure portait fon
« coftume ordinaire ; » c'eft dire qu'il n'en portait pas ;
Jupiter était vêtu « comme on le rapporte ; » cette phrase,
employée déjà par l'auteur du *Ballet de la Reine*, voulait
dire, en 1581, que Jupiter était couvert & vêtu d'or des
pieds à la tête, fans en rien excepter ; en 1636, les dieux
du paganifme avaient dû fe réfigner à un luxe moins coûteux ; dans *Ermione*, Jupiter n'a plus que fa *couronne* qui
foit d'or ; fon fceptre et fa robe font d'argent, fon manteau
eft bleu parfemé d'étoiles.

Europe apparaît avec fes femmes ; elle porte, dit le livret
(mais le deffin ne répond pas complétement à la defcription),
un joli manteau brodé de pourpre, frangé d'or comme fes
cothurnes, une vefte verte ornée de pierres précieufes, une
ceinture rofe, des bracelets fi larges « que levant les bras
elle femble en avoir jufqu'aux épaules, » des perles dans fes
cheveux noirs, & des plumes de héron pofées d'une façon
coquette fur le côté de la tête. Les cheveux noirs indiquent
que le parti pris par Véronèfe pour fon Europe n'avait pas
été adopté à Padoue à propos de la chevelure de l'héroïne.
Mercure déguifé, vient lui propofer de monter un taureau
bien doux qui peu à peu s'avance vers la pleine mer ; Europe
s'effraie, Agénor, fon père, eft au défefpoir, mais Cadmus

vient & lui promet de lui rendre fa fille ; il s'embarque &
traverse la fcène dans un navire, que femblent diriger quatre
petits Amours. Cette machine formait tableau à la fin de la
première partie, entremêlée de chœurs et de fymphonies ;
mais tous ces effets font peu réuffis ; les mouvements des
chars, navires, mécaniques, &c., ne fe font jamais que d'une
couliffe à l'autre, parallèlement au public ; c'eft encore l'enfance de l'art du machinifte.

La deuxième partie fe paffe dans une campagne. Minerve
a remplacé Iris fur l'arc-en-ciel ; à terre gît un dragon que
Cadmus vient de tuer ; après cet exploit, le héron prend la
charrue qui a fervi à l'*Adamo* & sème les dents du dragon ;
la terre s'entr'ouvre & de cinq trous fortent cinq chevaliers lourdement bardés de fer ; toute la vieille chaudronnerie
du romantifme reluit fur leur dos ; ils portent des panaches
d'une hauteur infenfée. Devant ces foldats de Cadmus, s'a-
vancent cinq enfants, leurs pages, vêtus exactement comme
eux ; deux de ces enfants jouent du tambour ; ils prennent
la tête, & la petite armée vient se mêler au public en defcendant dans la falle par les praticables qui font de chaque
côté de la fcène. Alors, fur le théâtre, des traits tombent du
ciel, & une illumination en globes de couleur, qui viennent
fe fixer à leurs extrémités, éblouit les yeux & termine la
deuxième' action.

Ici s'intercale une partie affez inintelligible dans le texte
italien et qui femble être une férie de compliments allégoriques en l'honneur des affiftants et de quelques-uns des
perfonnages du ballet ; puis ensuite commence la troifième
action : les Mariages.

La ville de Thèbes forme le décor ; Minerve, toujours fur
fon arc-en-ciel, s'est adjoint Mars pour rompre fa folitude ;
Cadmus eft en fcène & il fe difpofe à époufer Ermione.
Comment Cadmus, parti au premier acte pour délivrer Europe, Cadmus, qui s'eft amufé à femer & à récolter fes
chevaliers au deuxième acte, fe trouve-t-il à préfent fur le

point d'époufer Hermione ? comment cette princeffe fe trouve-
t-elle à fon tour mêlée à l'action ? C'eft ce que nous avouons
n'avoir point trop cherché à favoir au milieu du lourd &
indigefte programme de l'*Ermione ;* d'ailleurs, le nom d'Ermione étant fur le titre, il fallait bien trouver la princeffe
quelque part, & pour conclure la foirée elle époufe Cadmus.

Le fieur E. Bartolini, qui a laiffé la longue defcription
d'*Ermione,* infifte beaucoup fur la fplendeur des machines
de la fin, fur la lumière adroitement répartie, fur les reflets.
Pendant que fix couples danfent en fcène, Apollon & les
neuf Mufes apparaiffent en l'air, & le théâtre eft encore alors
fi étroit que ces feize perfonnages le rempliffent complète-
ment. Il femble réfulter du récit de Bartolini que les fix
couples, repréfentant des Thébains, font en réalité des couples
Padouans, véritablement unis en l'honneur de la fête, & ici,
par fuite d'un fingulier ufage, l'orcheftre du drame, violons,
arpicordes, guitares, fe met à fonner courantes et gaillardes
fur lefquelles, pendant plufieurs heures, les invités auffi fe
mettent en danfe; les affiftants intervenaient à leur tour dans
l'action.

Après le bal, l'Amour appelle Jupiter, qui apparaît le chef
coiffé d'une couronne lumineufe fi éclatante, qu'on ne pouvait
le regarder en face; Hercule vient à fon tour monté fur
l'hydre de Lerne, monftre à fept têtes, machine organifée de
façon à remporter ce foir-là tous les fuffrages.

Aux entrées de Jupiter & d'Hercule fuccéda alors le
Tournoi, & pour le terminer, le marquis Obizzi, tout armé,
fous le coftume de Cadmus, furgit de terre, monté fur un
véritable cheval, dans une machine portant des Amours & les
dieux de l'Olympe réunis pour célébrer avec éclat les noces
de Cadmus.

Cette fête devait être d'une longueur intolérable; mais il
femble qu'à la même époque, l'exubérance italienne fe foit
parfois mieux difciplinée, & le dernier exemple que nous
citerons en eft la preuve. Il eft vrai que la repréfentation

dont nous allons parler eut lieu à Florence, et que cette ville avait conſervé ſon taƈt intelligent pour les œuvres d'art.

L'œuvre de Della Bella renferme les deſſins des *Noʒʒe degli Dei*, représentées à Florence, en 1637, à l'occaſion du mariage du grand-duc de Toscane, Ferdinand II, avec Victoria d'Urbino; non-ſeulement la pièce était aſſez ſobrement taillée, mais on y trouve une certaine ſomme de vérité dans quelques-uns des coſtumes; il y a bien de la fantaiſie dans les coiffures, mais Louis XIV n'avait pas encore impoſé à ſon ſiècle la forme pompeuſe à l'excès.

Le premier tableau montrait, entre deux boſquets, un panorama de la ville de Florence qui ferait encore admiré de nos jours; la forêt de Diane précédait le jardin de Vénus; dans ce dernier tableau, une riche architeƈture avec fontaines jailliſſantes, ſervait de cadre aux aƈteurs, qui ſouvent, ſelon le goût du moment, ſe trouvent groupés dans les friſes et ſuſpendus en l'air. Neptune avait enſuite ſon palais formé de rochers & de coraux; on y voyait les Tritons recouverts d'écailles & le deſſin indique très-nettement une Néréide, danſant ſeule ſur le devant de la ſcène, vêtue d'un maillot ajuſté, à écailles, & n'ayant en plus qu'une ceinture d'herbes marines. La grotte de Vulcain ſervait de lice à un tournoi dont les chevaliers reſſemblaient à la fois à des preux du moyen âge & à des ſeigneurs de la cour florentine. Pluton régnait en enfer, & le décor de ſon royaume était auſſi curieux que tous les enfers deſſinés dans les féeries modernes; des Centaures y combattaient, portant ſur leurs dos des diables velus, pendant qu'au milieu des flammes, des inventions monſtrueuses ſe mouvaient dans les airs. Le ſeul reproche qu'on pût faire à ce tableau, c'eſt que l'architeƈture en était encore trop régulière; au reste, ce défaut était inhérent à l'époque; nous avons vu et verrons que le parallélifme perſiſtant des décors ſe retrouve partout. Le palais de Jupiter dans l'Olympe réuniſſait tous les dieux; c'était la décoration la moins bien trouvée, mais elle avait pluſieurs étages, & dans les hauts, les perfonnages fe promenaient à cheval, car les charpentes de théâtre étaient folidement & adroitement ajuftées.

Paris allait bientôt voir dans fes murs les fplendeurs théâtrales de l'Italie : Mazarin, fe fouvenant des fêtes auxquelles il avait affifté en Piémont, fit venir le machinifte Torelli avec une troupe de comédiens, qui montèrent au Petit-Bourbon, en 1645, la *Finta Paȝȝa* de Strozzi.

Torelli a deffiné les décorations & en a dédié les gravures à la reine Anne d'Autriche ; mais La Bella, dans fon œuvre, réclame pour lui-même le mérite des inventions qui formaient les intermèdes & que nous décrirons plus loin.

L'arrivée de ces troupes d'artiftes italiens n'avait pas été vue avec plaifir par tous les partis ; les antipathies politiques avaient faifi l'occafion de crier au fcandale, & les pamphlets de la Fronde ont confervé le fouvenir des reproches qu'on fit au cardinal. Ainfi, par exemple, dans la mazarinade intitulée : *Plainte du Carnaval et de la Foire Saint-Laurent,* du 19 février 1649, on s'indigne que Mazarin ait fait :

> ..... *icy venir de fi loin,*
> *A force d'argent et de foin,*
> *De ridicules perfonnages*
> *Avec de lafcives images...*

Pour leur arrivée à Paris, les Italiens avaient choifi une pièce qui avait obtenu, au delà des Alpes, un grand fuccès ; la *Finta Paȝȝa* eft l'hiftoire d'Achille à Scyros, du voyage d'Ulyffe & de Diomède, des amours interrompues de Déidamie, & enfin du départ d'Achille pour la guerre de Troie. Un prologue ouvrait la foirée ; le décor repréfentait une triple plantation alignée d'affez maigres peupliers ; au fond,

en perfpeétive, un palais campagnard. On y voyait Flore
jouée par la fignora Gli Locatelli, enlevée de terre par les
zéphyrs.

Les coftumes antiques, dans le premier tableau du drame,
fe reffentent de l'influence des grandes frefques italiennes ; ce
n'eft pas en faire un mince éloge, car, malgré quelques inexac-
titudes, les coftumes fimples, à larges draperies, dont les
maîtres de la peinture ont recouvert leurs personnages, s'ils
ne font point exaéts au point de vue d'une feule époque, font
des coftumes éternels.

Le premier décor repréfente le port de Scyros, les vaiffeaux
marchent & fe croifent comme nous le voyons de nos jours
au premier aéle de *Robert le Diable ;* Ulyffe & Dioméde ar-
rivent à terre. De groffes tours encadrent le tableau où font
rangés des navires antiques à la proue décorée de mafques
monftrueux. Au fond, par flatterie pour les Parifiens, Torelli
a placé la Cité vue du Louvre ; la pointe du Pont-Neuf,
Henry IV fur fon cheval de bronze, l'entrée de la place Dau-
phine, les ponts bordés de maifons, Notre-Dame, la Sainte-
Chapelle apparaiffent au lieu des antiques édifices de Scyros.
— « Singulier anachronisme, dont, dit Torelli, on pourra me
» blâmer, mais que le défir de plaire à ceux qui m'ont fi
» bien accueilli me porte à commettre. »

Ulyffe, Dioméde & les habitants de Scyros, portent la
cuiraffe ajuftée, la double jupe courte (bas de faye) couverte
de lanières, & le manteau drapé sur l'épaule. Dans le ciel,
Minerve & Junon fe promènent fur des chars & fe croifent
en diagonale ; en bas, Thétis fort de la mer montée fur une
conque.

Un changement à vue conduifait le fpeélateur dans le palais du roi Lycoméde, palais d'ordre dorique, bien orné de
ftatues, bien doré & deffiné fur le modèle trop fouvent employé à cette époque; comme toujours, une arcade plein
cintre, au fond, encadre une petite perfpeélive d'une régula-
rité exagérée. Lycoméde, Ulyffe, Dioméde, des foldats, des

pages vêtus d'or, des hallebardiers, font rangés fur divers plans; Déïdamie & Achille, coftumé en femme, avec huit demoifelles leurs fuivantes, viennent encore augmenter l'éclat du tableau. Le nombre des perfonnages dut faire impreffion fur l'efprit du public habitué aux parcimonieux cortéges des tragédies & des comédies; on compte fur le deffin de Torelli, plus de cinquante perfonnes fur le théâtre. Cinq font rangées fur le devant: Lycomède, avec un grand manteau, eft d'affez bon ftyle; mais Ulyffe (ou Diomède) qui s'eft imaginé de changer de coftume, porte la cuiraffe avec une écharpe en travers comme les gardes des Valois; il a une triple jupe découpée, l'épée attachée à l'écharpe, le cafque lourdement empanaché. Achille femble une dame de la cour de Louis XIV; il porte la jupe longue, ouverte fur une jupe plus courte, les manches larges avec dentelles, le corfage à guimpe, & il tient un *éventail* à la main. Les pages font ceux de la cour de France; les figurants font déguifés en Grecs ou en Romains, d'un ftyle douteux, & quant aux figurantes, fe modelant fur Achille, elles font franchement du xviiᵉ fiècle.

Le troifième tableau repréfentait une place publique, avec obélifque porté par des lions de bronze, des palais avec colonnades, balcons & jardinières pleines de fleurs; trois rues monumentales forment patte-d'oie perfpective dans le fond, & rappellent par leur ftyle le projet que Puget deffina pour Marfeille un certain nombre d'années plus tard. Le décor fait affez bon effet, mais le plancher ne fignifiait rien; c'était en haut qu'il fallait regarder. Le ciel s'ouvrait, l'Olympe apparaiffait avec les dieux rangés dans le Zodiaque. La Victoire & l'Amour, recevant les ordres de Jupiter, s'élancent du ciel & defcendent fur la terre; ils remontent en croifant leur direction & c'était là une merveille. A droite, en bas, font le roi, la reine & un hallebardier; leurs coftumes, qui de tableau en tableau deviennent de moins en moins vrais, font de la plus bizarre fantaifie.

Le dernier décor, le jardin du roi Lycomède, eft très-cu-

rieux; il y a feize portiques vus de face ou de profil ; ils font
foutenus par feize cariatides femmes, grandes dix fois comme
nature; c'eſt un décor vigoureux & d'un puiſſant effet, & c'é-
tait dans ce milieu féerique que les noces ébauchées d'Achille
& de Déïdamie donnaient lieu au ballet final, intitulé la Fête
Indienne ; d'autres entrées avaient eu lieu entre chaque aċte ;
ces ballets dont La Bella réclame, comme nous l'avons dit ,
l'invention dans fa dédicace, rappellent encore les maſcarades
des règnes de Henry IV & de Louis XIII & méritent d'être
expliqués rapidement. Ils étaient au nombre de trois : les
Autruches, les Ours, les Perroquets.

Le ballet des Autruches fe compofait de pas réglés, mettant
en relief les afpeċts bouffons, fots & fuffifants de ces oifeaux
à l'allure comique; ils fe préfentaient au public de face,
de profil, par derrière, levant & baiffant la tête ou la
queue, tournant au dedans & au dehors leurs longues jambes
& leurs groffes cuiffes; les pofes font grotefques & quelquefois indécentes.

Le ballet des Ours, accompagnés de leurs conduċteurs
jouant du tambourin, n'avait rien de faillant ; un défaut,
d'ailleurs commun à toutes ces entrées, c'eſt le petit nombre
des danfeurs ; il y a ordinairement cinq, fix ou fept perfonnages au plus indiqués comme danfant ; mais malgré ce défaut, le troiſième ballet, celui des Perroquets & des Indiens,
eſt intéreffant à examiner. Les deffins montrent les oifeaux
voltigeant autour des têtes des Indiens & décrivant dans l'air
des lacets combinés avec les pas des danfeurs.

Les oifeaux étaient-ils vivants ? Y avait-il là adreffe de jon-
gleurs ou intelligence de la part des oifeaux ? Y a t-il un peu
d'exagération dans le deffin de La Bella ? Ce font chofes que
nous ne déciderons pas. Toujours est-il que ce ballet des oifeaux de la *Finta Pazza* eut le plus vif fuccès, & fit pâlir
momentanément l'éclat de fes décorations & de fes machines.

La population parifienne fut toutefois peu de gré à Torelli
de fes attentions flatteufes ; l'antipathie pour le cardinal re-

jaillit fur lui lors de la Fronde ; Torelli faillit payer de fa vie
la protection que Mazarin lui avait accordée ; il était Italien,
&, comme tout ce qui était Italien, il dut à un moment fe cacher & tâcher de fe faire oublier ; une mazarinade, *Lettre
au cardinal* en date du 4 mars 1649, en donne la preuve :

> *Ceux qui reftent de voftre cour*
> *Sont cachez icy tout le iour ;*
> *Et pas un n'ofe plus pareftre,*
> *De crainte d'eftre pris pour traiftre.*
> *Même on dit que Cantarini (banquier)*
> *Qui rimait à Maʒarini,*
> *Ne trouvant point chez qui fe mettre*
> *S'eft fait abréger d'une lettre...*
>
> . . . . . . . . .
>
> *Un chacun d'eux fuit ce tran-tran,*
>
> . . . . . . . . .
>
> *Les fieurs Miletti,* Torelli,
> *Auffi bien que toute la trouppe,*
> *N'ofent plus avoir I en crouppe ;*
> *Et de peur d'être criminel,*
> Torelli *fe nomme* Torel.

# CHAPITRE IV

*État de la mécanique théâtrale au milieu du* xviie *siècle.*

Pour fe rendre compte des progrès de la mife en fcène à l'époque qui nous occupe, on peut confulter un ouvrage italien : *La manière de fabriquer les théâtres* par Nic. Sabattini (1638). Ce livre contient l'indication de tous les moyens d'effet employés fur les fcènes italiennes, dont on copiait avec enthoufiafme, dans toute l'Europe, les moindres détails ; il indique les reffources du temps, réfume les progrès accomplis, laiffe voir les points où les défaillances pouvaient fe produire, & propofe certains procédés nouveaux qui étaient hardis alors & qui paraiffent bien vieux dans nos théâtres modernes dont la machinerie aurait befoin d'être renouvelée de fond en comble. Le livre de Sabattini eft encore intéreffant au point de vue de la comparaifon toute naturelle qu'il fufcite dans l'efprit du lecteur, des procédés du xviie fiècle avec ceux du xixe.

Rien n'était encore fixé pour la forme des falles de fpectacles; devaient-elles être conftruites fur un plan carré long ? devaient-elles être arrondies ? En France, elles étaient encore généralement longues, affez étroites, & à angles droits ; on

choififfait pour établir un théâtre une falle deftinée à un jeu
de paume, à un manége ; on établiffait parfois auffi la fcène
dans la grande falle d'un palais, lorsque l'amphytrion était
affez riche pour payer les frais de la repréfentation d'une
comédie ou d'un ballet.

Cette organifation fut longtemps confervée, & certains
théâtres fecondaires, bâtis au fiècle dernier, avaient encore la
forme d'un parallélogramme reclangulaire, fyftème juftifié au
refte par l'économie & la facilité de conftruclion.

La falle du théâtre de Modène, bâtie en 1638, pour le duc
François Ier & dans fon palais, fut, nous croyons, la première
qui fut conftruite fur un plan arrondi. Avant ce moment, &
encore longues années après, lorsqu'on ne jouait pas en plein
air, dans un parc, une cour ou fur une terraffe, on prenait,
comme nous l'avons dit, par exemple une falle affez vafte fervant à divers ufages ; on établiffait la fcène à un bout ; en
face, on plaçait une férie de gradins ; puis de chaque côté, le
long des murs, on appliquait un, deux, & même trois étages
de balcons latéraux, appelés alors « accoudoirs » ; les préparatifs fe faifaient rapidement & fans trop de frais ; mais
une partie du public n'apercevait la fcène qu'en fe tournant
de côté & au travers d'une longue férie de têtes. Ce fut cependant d'après ce fyftème incommode que Mercier, nous l'a-
vons vu, conftruifit la falle du Palais-Royal ; feulement,
comme là, le public pouvait être moins ferré & que la re-
cette n'était pas l'objeclif du maître, Mercier ne plaça de
chaque côté qu'un feul balcon latéral ; il n'y eut pas ainfi
d'accoudoirs fuperpofés.

La falle des Machines, conftruite vers 1660 pour le mariage
du roi, était arrondie & bien organifée comme mécanifme
mais l'influence des anciens conftrucleurs lui impofa encore
un plafond bas, à caiffons fculptés & faillants, qui nuifait au
coup d'œil & à la fonorité.

Sabattini s'occupe de la loge royale ou princière qu'il
place au fond de la falle au-deffus des gradins ; cependant, le

plus fouvent, les fouverains affiftaient au fpectacle, affis en avant du public.

Les muficiens font tantôt au dehors, c'eft-à-dire dans la falle « fur un plancher bien orné & doré » tantôt au dedans, « vifibles ou invifibles » felon les intermèdes.

Dans le chapitre xxxviii, il eft queftion de l'éclairage de la falle; généralement, on préférait les torches de cire parce que l'huile était de mauvaife odeur & les appareils mal fabriqués. Mais Sabattini, s'élevant contre le goût de fes contemporains, confeille l'huile de bonne qualité, mêlée à un parfum agréable ; il dit que la cire blanche peut, il eft vrai, avoir une plus belle lumière lorfqu'elle eft bien affinée, mais il fait remarquer que la chaleur fait couler la cire, qui fent alors mauvais & tombe fur les affiftants qu'elle brûle & qu'elle tache. A propos du fyftème d'éclairage des falles de fpectacles, on peut faire la remarque curieufe que la cire, durant peu de temps, étant d'un prix élevé, on allumait les flambeaux feulement au dernier moment ; le public fe trouvait déjà dans la falle plongée dans une pénombre qui prêtait à tous les défordres ; l'allumage, au milieu de la foule & au-deffus de fa tête, de cierges mal fufpendus, mal attachés, pouvait en outre amener des accidents. Auffi Sabattini confeille-t-il d'allumer à l'avance les flambeaux de la falle, toujours avant ceux qui devaient éclairer la fcène.

Il y avait plufieurs manières de lever le rideau — foit latéralement, à droite ou à gauche, comme un rideau de fenêtre — foit de haut en bas, foit de bas en haut. Ces deux derniers procédés femblent avoir été d'abord peu pratiqués, & Sabattini les recommande cependant comme plus commodes. Il confeille néanmoins d'éviter de baiffer la toile du haut en bas, car fouvent, ainfi tirée, la toile tombait fur les flambeaux ou fur les perfonnages de la fcène & il en réfultait tumulte & danger ; le fecond moyen, au contraire, tout « nouveau » remédiait à ces inconvénients. Pour tous deux au refte, le fyftème mécanique fe compofait d'un rouleau porté fur deux

poulies latérales, & qu'une corde, paffée fur une troifième
poulie, faifait tourner dans un fens ou dans un autre ; tantôt
la troifième poulie était en haut, tantôt elle était en bas, felon que l'on voulait faire monter ou defcendre le rideau.

L'éclairage de la fcène paraît être ce qui laiffait le plus à
défirer ; on débattait beaucoup à cette époque fur la place
que devaient occuper les lumières. Les uns les voulaient en
haut, du côté des fpectateurs ; les autres à droite, ou au
fond, ou à gauche ; il n'y a pas de trace, dans les deffins du
temps, de lumières placées en bas fur le devant de la fcène ;
elles font plus fouvent en l'air, comme l'indique, quelques années plus tard, une gravure repréfentant un décor de la
*Princeffe d'Élide.* La rampe dut venir par les théâtres in-
fimes & par le perfectionnement du procédé élémentaire des
chandelles que pofaient à terre les comédiens trop pauvres
pour avoir des luftres au plafond.

Sabattini confeille de placer une partie des lumières en
haut de la fcène, en dedans, du côté oppofé aux fpectateurs ;
il montre, fur de petits deffins, avec des hachures pour fignifier les ombres portées, l'avantage de fon fyftème qui fait
difparaître ces ombres & répartit la lumière plus également.
Il recommande de placer beaucoup de lumières blanches latéralement, invifibles des fpectateurs, afin d'éclairer le ciel.

Derrière la toile comme dans la falle on fe fervait, au milieu du xvii° fiècle, des deux fyftèmes d'éclairage, l'huile &
la cire. L'huile fe brûlait ordinairement dans des lampes à
deux becs, en forme de petit navire, & munies de deux mè-
ches trempant directement dans l'huile ; la lumière de ces
lampes était rouge & fumeufe. La cire (remplacée par le
fuif dans les théâtres autres que ceux des Cours) donnait,
comme nous l'avons dit, une lumière blanche ; les bougies fe
brûlaient fufpendues & difpofées fur des efpèces de cadres
triangulaires fervant de luftres & munis chacun de trois lu-
minaires. L'on fe préoccupait beaucoup des dangers d'incendie ; furtout lors de la danfe appelée la Maurefque, on re-

commande la plus grande furveillance, car on frappait vio-
lemment des pieds & les fecouffes répétées pouvaient faire
choir les appareils appendus le long des murs. Pour com-
battre le feu on avait de groffes éponges fixées au bout de
longs bâtons & des feringues de gros modèle avec de l'eau
en réferve. Ce fyftème précaire d'éclairage dura longtemps,
car en 1782, l'architecte Patte, dans fon Traité de la conftruction des théâtres, dit que de fon temps on n'avait pas
encore penfé à éclairer la fcène avec des quinquets à réflec-
teurs; les recherches férieufes à propos de l'éclairage des
théâtres ne furent au refte entreprifes que vers 1785 par La-
voifier. Une obfervation importante à propos des théâtres du
xviie fiècle, c'eft que la faibleffe de la lumière fur la fcène
était moins fentie que nous pourrions le croire par fuite de
la faibleffe de l'éclairage de la falle ; ces deux milieux étant
en relation étroite, & l'éclat des décors dépendant en partie
de l'ombre ménagée dans le vaiffeau où fe tient le public,
les fpectateurs médiocrement éclairés ne s'apercevaient pas,
comme nous pourrions le faire, de certaines défectuofités
fcéniques.

Ce fut cependant avec les moyens peu avancés de l'éclairage indiqué par Sabattini, qu'en 1653, à la cour de Savoie,
on obtint un effet qui caufa la plus grande furprife. Mme la
ducheffe de Savoie, Chrétienne de France, aimait beaucoup
la couleur gris de lin; auffi, pour lui être agréable, le comte
d'Aglié, ordonnateur de la fête, fit repréfenter un ballet intitulé : *Gris de Lin ;* le fujet était naïf et la circonftance qui
amenait l'effet de lumière était celle-ci : l'Amour, fatigué
d'avoir fans ceffe un bandeau fur les yeux, demandait à
Junon et à Iris la permiffion d'admirer la nature; il appelait
la Lumière à fon aide et Junon lui laiffait le choix de la
couleur fous laquelle il défirerait voir le monde. L'Amour,
néceffairement, choififfait la couleur gris de lin; auffitôt tout
l'afpect de la décoration changeait et la couleur demandée
par l'Amour envahiffait tout.

Si la lumière était infuffifante ou du moins difficilement diftribuée, le refte des moyens fcéniques paraît avoir été développé. Sabattini donne les plus grands détails pour les perfpectives droites et obliques, pour les lignes du pavage. Il s'occupe de la diftance, des plans, du point de vue; il infifte fur le tracé perfpectif des maisons latérales, des fabriques du fond, des bandeaux, corniches, fenêtres, toits, cheminées, & furtout des balcons praticables pofés en encorbellement ou fur les façades des maifons. Il deffine des perfpectives fimples à double ou triple point de vue, &, ce qui était plus malaifé, une triple perfpective à un feul point de vue; mais ce dernier fyftème, plus pittorefque, femble n'avoir exifté qu'en théorie, car, dans les nombreux deffins de décorations qui nous ont paffé fous les yeux, nous ne nous rappelons pas en avoir vu un feul exemple.

Les perfpectives du fond s'ouvraient foit comme des portes ordinaires, foit en gliffant fur des rails par un mouvement de tranflation latérale parallèle au public.

Pour changer un décor à vue, chofe qui ne fe faifait pas fans bruit, Sabattini confeille de choifir le moment favorable, tel par exemple celui où, fur la fcène, on jette des cris, on brife quelques objets, où il y a fimulacre de ruine, ou bien l'on bat du tambour & l'on joue de la trompette; la trompette avec fes notes ftridentes, eft le moyen que recommande l'auteur. Les décors fe changeaient en enlevant ou en baiffant des toiles, en dédoublant des parties de châffis repliées les unes fur les autres comme les feuilles d'un paravent, ou encore en faifant gliffer, de droite à gauche ou réciproquement, le décor peint fur toile & enroulé fur deux cylindres placés verticalement dans les couliffes.

Avec ces moyens, qui nous paraiffent parfois d'une fimplicité enfantine, on était arrivé à produire des effets qui frappaient fi vivement l'imagination des contemporains, que quelques-uns criaient à l'abus des décors & fe plaignaient du luxe effréné du théâtre. « Il faut, difait l'abbé de Marolles,

» que le théâtre foit propre, mais avec une magnificence
» médiocre, fans y employer toutes ces grandes machines,
» ou ces longues perfpeĉtives, qui nuifent fouvent bien da-
» vantage aux aĉteurs, qu'elles ne leur donnent de grâces,
» comme l'expérience nous l'a fait voir. »

Il eft probable que les changements de décors, les effets de
machines, nuifaient au fpeĉtacle, non par leur fplendeur
mais par la difficulté même du mécanifme dont à fon insu
fouffrait le public.

Il faut au refte distinguer les machines des décors. Les
machines n'étaient pas des toiles peintes, mais feulement
des pièces détachées, comme des « rochers, des arbres,
» des vaiffeaux, des globes obfcurs ou lumineux, des aftres,
» des bêtes monftrueufes, des chariots. » On avait foin d'é-
viter la repréfentation des animaux connus, fauf les chiens
& les moutons; le plus fouvent les animaux fe repréfentaient avec un coftume, laiffant le bas du corps en homme;
le bufte & la tête étaient affublés de la forme que l'on voulait peindre ; par exemple, pour jouer un rôle d'oiseau, on
couvrait fa tête d'un mafque à bec & on endoffait un habit
couvert de plumes.

On voit dans Sabattini que les trappes dites anglaifes
exiftent déjà; elles s'ouvrent, foit en un feul morceau, foit
en deux, faifant office de battants de porte; les perfonnages
furgiffent du fol, fortent des murailles, ou y rentrent — nous
en avons vu un exemple dans l'*Ermiona*, lors de l'apparition
des foldats de Cadmus. On excellait auffi à imiter les tempêtes, les naufrages, les embrafements, à faire apparaître et
s'engloutir une montagne. Les effets d'apparition et de difparition des rochers et des collines étaient fréquents; on aimait,
ainfi qu'on peut s'en convaincre en regardant les deffins de
Callot, par exemple, à faire figurer ces acceffoires dans des
compofitions. Il y eut au théâtre un exemple de ce goût
en 1631. La reine de France propofa au cardinal de Savoie,
alors à Paris pour des négociations, d'offrir au roi un ballet;

il y confentit, mais on fe moqua beaucoup à la Cour de ce
« Montagnard » (nous dirions à préfent ce Savoyard) qui
ofait prétendre à inventer quelque chofe de gracieux et de
nouveau. Cependant le Montagnard inventa un « deffin » qui
fut fort applaudi. Le 21 août 1631, au château de Mon-
ceaux, on repréfenta le *Ballet des Montagnards.* Cinq
grandes montagnes étaient fur la fcène : Montagnes des Ven-
teux, des Échos, des Ardents, des Lumineux, des Ombra-
geux. Chacune s'ouvrait à fon tour, puis difparaissait ; les
habitants lumineux étaient conduits par le Mensonge ; ce
dernier avait une jambe de bois, un habit avec des mafques
& une lanterne fourde à la main.

Parfois, au moyen d'objets furgiffant de terre, on opérait
la métamorphofe d'un perfonnage qui difparaiffait par derrière. Parfois auffi, dans le même but, une toile peinte était
étalée par terre &, à un moment donné, on la foulevait au
moyen d'un bâton pouffé par deffous.

De fort gros objets fortaient ainfi du fol. Par exemple,
en 1634, à la cour de Turin, on repréfenta *la Verita nemice
della Apparenʒa, sollevata del Tempo,* c'était un ballet moral ; pendant que, fur un nuage, defcendait l'Apparence vêtue
de couleurs changeantes, avec un corps de jupe parfemé de
miroirs, des ailes en plumes de paon, le Temps apparaiffait
et fur fon ordre furgiffait un fablier énorme d'où fortaient
les Heures et la Vérité.

Pour imiter la mer, Sabattini indique le moyen d'une toile
agitée, foit par des hommes, foit par un fyftème de cylindres
ondulés & tournants. On trouve dans fon traité, très-claire-
ment deffiné, le navire du *Corsaire* et du *Fils de la Nuit,*
tournant à droite et à gauche, venant « dritto » fur le
public, variant la direction de fa fortie, obéiffant à la tempête. Si le navire ne fait que traverfer la fcène, une figure
découpée gliffe fur des rails ; fi le navire s'avance obliquement, il marche fur des rouleaux, & une tige de fer, verticale & puiffante, fupporte la galère (petite au refte), ofcillant

à droite & à gauche pour imiter le mouvement des rames. Si le navire est à voiles & doit tourner & virer de bord avant de disparaître, le mécanisme est plus compliqué : on devait disposer la mer au moyen de cylindres en deux morceaux bien raccordés qui s'ouvraient pour laisser passer le navire ; celui-ci n'avait pas de fond ; une bande de toile imitant les vagues était attachée autour afin de masquer le mécanisme mû à l'intérieur par des hommes ; le tout consistait en un jeu de cylindres disposé, tantôt latéralement, tantôt perpendiculairement à ceux qui figuraient la mer ; au-dessus se déployaient les voiles et s'accomplissaient les manœuvres.

Les nuages, suspendus, glissaient sur des rails placés dans le haut de la scène ; on les faisait doubles, triples, ou grandissant & teintés selon le ciel que l'on voulait peindre. Les éclairs se produisaient en passant rapidement un système d'éclairage derrière des châssis peints que cette manœuvre rendait translucides.

On rapporte que Navarro de Tolède avait, vers 1570, imité le bruit du tonnerre en roulant des pierres dans un tonneau. Sabattini indique un meilleur moyen. On fabriquait un canal en bois aussi long qu'on le désirait, car de cette longueur dépendait la durée de l'éclat de la foudre ; ce canal était posé légèrement en pente & l'on faisait rouler, d'un bout à l'autre, un ou deux boulets de fer ou de pierre pesant environ trente livres ; ce procédé était bon & fut longtemps en usage même alors qu'on eut commencé à se servir de plaques de tôle bruyamment agitées ; un siècle après, on perfectionna le moyen indiqué par Sabattini & l'on construisit une série de canaux en bois disposés comme un escalier dont les marches seraient inégales ; le roulement avait lieu tant que les boulets étaient sur une surface plane, à tout ressaut avait lieu un éclat imitant celui de la foudre. Un procédé analogue fut même employé de notre temps lors des représentations de la féerie des *Sept Châteaux du Diable* au théâtre de la Gaîté. Pour imiter la foudre dans le tableau de l'Enfer, on avait disposé, le long

de la fcène, perpendiculairement & contre les avant-fcènes,
des conduits en bois femblables à ceux dont les maçons fe
fervent dans les maifons en conftruction pour jeter, des étages
fupérieurs, les matériaux encombrants ; et dans ces boîtes
longues & étroites on précipitait chaque foir de groffes
pierres qui augmentaient l'intenfité du bruit.

Sabattini indique encore bien d'autres procédés :

Pour repréfenter l'enfer, on faifait des trous foit dans les
côtés de la fcène, foit dans le plancher, par lefquels on faifait fortir les flammes ; pour cet effet il fallait fe munir de
« quelques hommes de bien » ; ils avaient en main de longs
cylindres remplis de poix grecque & de réfine, » qu'ils agitaient toutes les fois qu'on ouvrait les trappes ; mais il fallait
pour cette manœuvre dangereufe des gens adroits & « fûrs. »

Ruiner le décor d'un feul coup était peu de chofe à faire.
On le préparait en bois ou en toile & par morceaux adroitement raccordés & réunis ; en tirant quelques cordes, tout s'é-
croulait.

Pour rendre le théâtre obfcur, rien de plus aifé ; il fallai
préparer au-deffus de chacune des chandelles employées un
cylindre épais, foutenu par une ficelle roulée fur une poulie:
au fignal donné on baiffait le cylindre.

Embrafer un décor était d'un bel effet ; mais Sabattini confeille de ne pas employer ce moyen à caufe du danger d'incendie ; il fallait prendre de la vieille toile ufée & fouple, la
tremper dans une eau préparée (un liquide inflammable), en
couvrir la furface de la maifonnette (cafa) à incendier, puis
un homme caché derrière mettait le feu. Sabattini indique le
moyen de remédier aux dangers de l'incendie en préparant
fes décors avec des couleurs « à la terre, ou au plâtre » ; les
bois ou toiles ainfi peints ne s'enflammaient que fort difficilement.

Le livre de Sabattini donne encore la manière de faire
tourner tout ou partie du ciel, au moyen de grandes roues
dentelées, de faire varier les couleurs des objets ou des per-

fonnes, de faire apparaître des monftres vomiffant de l'eau
par les narines & de fabriquer des fontaines jetant, pendant
tout un acte, des cafcades d'eau véritable.

Il y avait de nombreux appareils pour faire defcendre les
perfonnages du ciel ou leur faire traverfer l'efpace ; quelques-
uns ne paraiffent pas fans danger. Le paffage d'une couliffe à
une autre, par un mouvement parallèle au public, était peu
de chofe. La defcente perpendiculaire avait lieu au moyen
d'un treuil & d'une poulie placés derrière la fcène ; en dehors,
du côté des fpectateurs, était une poulie foutenue par une
traverfe, au bout de laquelle on difpofait le nuage ou l'ornementation qui devaient foutenir l'artifte. Mais dépofer, du ciel
fur la terre, un ou plufieurs perfonnages était plus compliqué ;
un treuil, avec poulie dans le haut, faifait encore mouvoir le mécanifme, & ce dernier fe compofait d'une longue tige verticale fe
mouvant fur un axe placé dans le plancher de la fcène ; cette tige
était munie à fa partie inférieure d'une maffe de plomb ; quand
on voulait faire defcendre l'appareil placé en l'air, on foulevait
la tige par fa partie à contre-poids, on la lâchait doucement au
contraire quand on voulait faire remonter les perfonnages à leur
place primitive. L'évolution fe faifait dans un quart de cercle &
la rupture de la tige était à craindre ; une particularité curieufe
de ce mécanifme, c'eft qu'il demandait beaucoup de place non en
largeur, mais en longueur ; il convint donc parfaitement aux
falles longues & étroites du règne de Louis XIV, mais tomba en
défuétude au fiècle fuivant quand la fcène devint plus large &
relativement moins profonde. Le fyftème de ce contre-poids avec
évolution dans un quart de cercle explique des effets très-fim-
ples mais très-furprenants qu'applaudit bien fort la cour de
Louis XIV, par exemple : la defcente d'un Amour du fond de
la fcène jufqu'au milieu du parterre ; l'allongement proportionnel
de la tige fuffifait parfaitement à produire cette petite merveille.

On poffédait auffi des machines avec armature en fer fe di-
vifant en trois parties & fe refferrant en une feule ; d'autres,
fe développant peu à peu pour aider à la perfpective. Des

3.

chapelets de nuages cachaient le plus fouvent les refforts,
mais parfois on poffédait un mécanifme dépofant, des frifes
fur la fcène, d'un feul coup, un perfonnage fans qu'il fût en-
touré d'aucune nuée, et de manière à ce qu'en touchant le fol
il pût fe mettre immédiatement à danfer & à jouer ; ce mécanifme était le même que pour les appareils à nuages, mais la
légèreté devait en être cependant affez adroitement calculée
pour que le tout fût mafqué par la feule épaiffeur de l'artifte.
C'était déjà le commencement des armatures de fer employées
de nos jours pour les tableaux vivants.

Lors des apparitions dans le ciel, les fcènes fe fuperpofent
aux fcènes & les figurants font fi nombreux qu'on pourrait
penfer que les planchers fupplémentaires étaient plus utiles
que le plancher ordinaire. C'était le grand art du machinifte
de foutenir & d'enlever beaucoup de monde ; & Vigarini ne
manqua pas de prouver fon habileté lors de l'ouverture de la
falle des Machines aux Tuileries, en 1662, avec l'*Ercole
amante* — le prologue d'*Amphytrion* lui-même offre un exemple, & comme un écho affaibli, de ces habitudes des appareils à
nuages tranfportées dans la comédie. Auffi les contre-poids
étaient chofe importante, & le regiftre de Lagrange indique
que la *Toifon d'or* a néceffité l'achat de 1500 livres de plomb
pour contre-poids, & *Andromède* celui de 2,200 livres.

Les machines, les « méchaniques » comme on difait alors,
fe compofaient le plus fouvent de chars, nuages, tritons, chevaux marins (comme dans le *Palais d'Alcine*, lors des *Fêtes
de l'Ile Enchantée*) ; on voyait auffi des glaçons flottants, des
oifeaux gigantefques, par exemple un paon formant gondole
avec trois ou quatre perfonnages affis fur la queue épanouie
en éventail & relevée en poupe.

Les appareils employés dans les cortéges, fêtes & intermèdes, paffèrent tout naturellement au théâtre & l'artifte qui fit
le plus par fon imagination pour varier le modèle de ces « méchaniques » parfois ingénieufes, fut Callot ; les études qu'il avait
faites de 1608 à 1622 foit à Rome, foit à Florence, à la cour du

grand duc Cofme, fous la direction de Parigi & Tempefta,
avaient ouvert fon efprit à tous les perfectionnements de la
pompe théâtrale. Son œuvre offre quelques exemples curieux.

Lors de l'entrée à Florence du prince d'Urbin, on voyait
Atlas portant le monde fur fes épaules ; au-deffus était une
nymphe, & le char qui portait la machine, traîné par quatre
chevaux, était accompagné par des géants. Le char de l'Amour
fe préfentait d'abord fous la forme d'un amas de nuages ; puis
il s'entr'ouvrait ; dans le haut étaient groupés des petits Amours,
au-deffous, les trois Grâces, à peine couvertes d'un léger voile;
accompagnaient la Paix s'impofant aux combattants (il s'agif
fait du *Tournoi de l'Amour*).— Derrière venait le char de la
mer; neuf tritons nageaient dans un vafte baffin, & au-deffus
d'un temple en coraux & en madrépores, trônait Thétys, étendue
en tableau vivant dans une conque élégante.

Ce fut le beau temps des machines. D'autres gravures de
Callot montrent: un cygne, monté par un Amour, & menant
à fa fuite une falamandre roulant fur des flammes & chargée de
douze héros, — La forge de Vulcain traînée par des monftres
marins, — Arion fur un énorme dauphin, & jouant du luth.

On trouve encore dans l'*Art de fabriquer les théâtres*
l'apothéofe finale avec roues brillantes & concentriques tournant les unes dans les autres & en fens inverfe ; & ce livre
indique la manière de faire apparaître les fantômes, de les faire
grandir & diminuer. Mais ce dernier moyen de fantaftique
nous paraît affez maigrement réuffi ; le fantôme ne pouvait
guère s'éloigner de la couliffe & prêtait peu à l'illufion.

Si l'on combine en imagination les reffources indiquées par
Sabattini avec les décors que les anciens deffins nous on<sub>t</sub>
confervés, on peut recompofer des effets pittorefques; il y a,
fauf peut-être la dimenfion, les mêmes éléments de fuccès que
dans les théâtres modernes. Burnaccini, décorateur célèbre,
a laiffé auffi quelques vues de théâtre d'un ftyle affez remarquable; ces deffins peuvent compléter les indications de Sabattini. On y remarque, par exemple : Un palais de la Guerre,

fait d'une enfilade de guerriers à cheval, entourés de pano-
plies énormes ; — Une ville antique affiégée, avec fes tours
& fes remparts à demi ruinés, avec fes éléphants de bataille,
avec les machines d'attaque & de défenfe ; — Un enlèvement
des Sabines (deftiné à nous ne favons quelle pièce). Le décor
repréfente une place d'un ftyle antique tout à fait de fantaifie
qui reffemble à la place Saint-Marc avec les Procuraties tout
autour ; il y a eu fête ; des femmes font à toutes les fenêtres
qui font pavoifées, décorées de tentes, garnies de tapifferies ;
des foldats romains s'emparent des Sabines qui danfaient avec
eux ; l'action eft vive, les pofes font variées & les perfonnages
innombrables ; on fent dans les décorateurs de ce temps un
tempérament nourri à la grande école des maîtres italiens.

  Parmi les gravures que nous avons examinées, un fujet furtout nous a femblé original ; il peut être attribué à Torelli &
doit remonter au temps de la *Finta Pazza ;* peut-être était-ce
un projet pour le premier décor de cette pièce avant qu'on
ne lui fubftituât la vue de Paris prife du Louvre ? La fcène
repréfente un port ; à droite & à gauche font deux tours, la
ville eft au fond ; des efcaliers bordent les quais & les galères font rangées vis-à-vis des maifons. Au deuxième plan,
& haut comme toute la fcène, eft le coloffe de Rhodes, jambe
deci, jambe delà, tenant dans une de fes mains, placée au
niveau de fon épaule, le vafe qui lui fervait de torche. Au
milieu, & paraiffant toutes petites à côté des jambes formi-
dables du coloffe fous lefquelles elles paffent, apparaiffent
Thétis & Vénus (ou la Fortune) ; toutes deux font portées
fur des conques fortant de l'onde & font repréfentées complétement nues. Ce décor, d'un grand effet, rapproché de certains chars de Callot, prouverait que le xviie fiècle connaif-
fait les tableaux vivants ; un autre deffin montre au refte Vénus n'ayant pour vêtement, felon la tradition, qu'une étroite
ceinture & un manteau que le vent gonfle & rejette derrière
elle.

Malgré l'exubérance d'imagination des deffinateurs deux faits femblent certains; c'eft d'abord que le même décor fervait fouvent à plufieurs pièces & que nos ancêtres, plus ai-fés à fatisfaire que nous, ne murmuraient pas de cet ufage — puis enfuite, c'eft que le parallélifme régnait en maître dans l'art théâtral; comme en architecture, la manie du pendant régularifait les points de vue, les perfpectives, les groupes; cet équilibre calculé est monotone & fi peu déguifé, que l'examen des décors de ce temps caufe, au bout de quelques heures, une laffitude extraordinaire.

# CHAPITRE V

*Mazarin, les comédiens italiens & la Fronde.*
L'ORFEO & l'ORPHÉE *(1647)*.

MALGRÉ les murmures de ses adverfaires politiques, Mazarin continua de faire repréfenter quelques drames ly-
riques par les artiftes qu'il avait fait venir d'Italie. La Fronde
avait commencé à agiter Paris ; mais au milieu des troubles,
les plaifirs n'étaient pas oubliés.

Les Italiens faifaient les frais de toutes les fêtes ; on appelait alors leurs pièces des comédies en mufique, & ce genre
était fi peu conforme aux tendances de l'efprit français que les
affiftants pour la plupart goûtèrent d'abord peu ce fpectacle ;
les obfervations de quelques contemporains en font la preuve.
Mme de Motteville, entr'autres, s'exprime ainfi: « Ceux qui s'y
» connaiffent les eftiment fort (les Italiens); pour moi je trouve
» que la longueur du fpectacle diminue fort le plaifir.... & que
» les vers naïvement répétés.... touchent plus les efprits que le
» chant ne délecte les oreilles. » — « Le mardi gras de cette
» année (1646), la reine fit repréfenter une de fes comédies
» en mufique dans la petite falle du Palais-Royal..... Nous
» n'étions que vingt ou trente perfonnes dans ce lieu, & nous
» y penfâmes mourir de froid & d'ennui. »

Mazarin & ceux qui partageaient fes goûts ne fe découra-
gèrent cependant pas ; & dans l'hiver de 1647 il fe produifit
encore une recrudefcence dans les goûts de fpectacle de la
Cour ; le confeffeur de la reine, qui avait fu que pendant fon
deuil elle s'était cachée pour aller à la comédie, avait, en
1646, blâmé ces tendances mondaines. Alors qu'elles s'affi-
chaient ouvertement, il renouvela ses cenfures ; car ce n'é-
taient que fêtes au Palais-Royal, la reine allait publiquement au
théâtre & y menait le jeune roi. Pour échapper à cette oppofition religieufe, la reine fit confulter plufieurs évêques, &
devant le défir de la fouveraine on déclara que fi la comédie
était vertueufe, il n'y avait aucun mal à y affifter ; les fpectacles continuèrent donc & l'obftacle qu'on avait tenté de leur
oppofer ne fervit qu'à leur donner plus de prix. Auffi, pendant quelques années, de 1647 à 1650, les repréfentations
théâtrales fe fuccédèrent-elles à la Cour, interrompues paffa-
gèrement par deux feules caufes : les péripéties de la guerre
civile, & la petite vérole qui mit en danger les jours du
jeune Louis XIV.

Parmi les comédies jouées à cette époque, l'*Orfeo* & l'*Orphée* font celles qui fourniffent les détails les plus intéref-
fants, puis enfuite vint *Andromède* — ce feront les trois
œuvres dont nous nous occuperons.

Il y eut deux *Orphée*.— L'un, avec paroles italiennes & une
mufique fort importante, fut joué à la Cour. — L'autre, avec
paroles françaifes, fut repréfenté fur le théâtre du Marais.
Tous deux avaient une mife en fcène riche & compliquée.
Les principales éditions de chacune de ces pièces font les
fuivantes :

Pour l'*Orfeo* :

1o *Orphée*, tragi-comédie en mufique — 1647. In-4o imprimé chez Cramoify. C'eft une fimple analyfe de la publica-
tion fuivante.

2o La repréfentation naguère faite devant Leurs Majeftés
dans le Palais-Royal de la tragi-comédie d'*Orphée* en mufique

& vers italiens, avec les merveilleux changements de théâtre, les autres machines & inventions jufqu'à préfent inconnus à la France, au Bureau d'adreffe. 8 mars 1647. (Les vers italiens de cet *Orfeo* ont été attribués à l'abbé Perrin.)

Pour l'*Orphée*:

1o Deffin du poëme & des fuperbes machines du *mariage d'Orphée & d'Eurydice* qui fe repréfentera fur le théâtre du Marais par les comédiens entretenus par Leurs Majeftés. Chez Baudry, 1647, in-4o. (C'est l'explication abrégée de la pièce fuivante);

2o La *grande journée des Machines* ou le *mariage d'Orphée & d'Eurydice*. — Chez Touffaint Quinet, 1648. In-4o. (Les paroles françaifes de cet *Orphée* étaient de Chapoton.)

Il y a entre les deux livrets identité de fujet, mais auffi de nombreufes différences ; tout femble bien indiquer qu'il y a là deux œuvres diftinctes. L'*Orphée* joué fur le théâtre du Marais nous paraît avoir été une imitation françaife dirigée contre les idées italiennes de Mazarin.

Il y a au refte certaines obfcurités à propos de l'*Orphée* & de l'*Orfeo*, à ce point que la plupart du temps on en a fait une feule & même chofe ; on a varié fur les dates de leurs repréfentations. Quant à l'*Orfeo*, il ne peut y avoir de doute, le compte-rendu ou plutôt le programme de Renaudot étant du 8 mars 1647 ; l'*Orphée* de Chapoton dut fuivre de près, & fon fuccès fut plus franc, car en 1662 on le reprit au théâtre du Marais, pendant que fur la fcène des Tuileries, dans la falle des Machines, on jouait encore un autre *Orphée*. L'*Orfeo* de Mazarin eut peu de fuccès ; *Andromède* fut commandée à Corneille pour en utilifer les décors dès les premiers mois de l'année 1647 ; mais par fuite de divers tiraillements, *Andromède* ne fut repréfentée qu'en 1650 ; il femble qu'entre les deux époques Mazarin, acharné à produire fes Italiens, ait effayé en 1646 & 1649 des repréfentations nouvelles de l'*Orfeo* ; car ce fut à cette époque que les mazarinades parlèrent le plus de cette pièce, dont la première repréfentation avait eu lieu à la fin des jours gras de l'année 1647.

Ce jour-là « le cardinal Mazarin donna un grand régal à » la Cour... c'était une comédie à machines & en mufique à » la mode d'Italie, qui fut belle, & qui nous parut une » chofe extraordinaire & royale. »

Ces mots de Mᵐᵉ de Motteville font louangeurs, & fon avis, après ce que nous en avons rapporté plus haut, ne peut être fufpect. « Il avait fait venir les muficiens de Rome » avec de grands foins, et le machinifte auffi, qui était un » homme de grande réputation pour ces fortes de fpeɕacles. » Les habits en furent magnifiques, & l'appareil tout de » même forte. Les mondains s'en divertirent, les dévots en » murmurèrent. »   ‘

Le temps avait en effet manqué; le cardinal & le duc d'Orléans preffaient la reine pour qu'on ne jouât l'*Orfeo* que pendant le carême : mais celle-ci, voulant à la fois fatisfaire fes plaifirs & fon confeffeur, tint bon pour que la repréfentation eût lieu pendant le carnaval. Elle fut cependant fort dépitée parce que, malgré la hâte apportée, la première repréfentation n'eut lieu que le famedi gras & qu'elle commença tard dans la foirée. Or, la reine, ayant l'habitude de communier le dimanche au matin, défirant ne pas manquer à cet ufage & ne pas bleffer cependant le cardinal, quitta la comédie à moitié & fe retira chez elle de manière à « prier Dieu, fe coucher & fouper à l'heure qui conve- » noit. » Le lendemain foir, dimanche gras, l'*Orfeo* fut joué une feconde fois et la Reine affifta jufqu'au bout à la repréfentation. Au milieu de mille petites intrigues de Cour, le maréchal de Grammont & le duc de Mortemart entr'autres, firent de l'*Orfeo* des louanges fi outrées, qu'elles nuifirent plutôt qu'elles ne fervirent à fon fuccès.

Le lundi gras de cette même année marqua dans la vie théâtrale du jeune roi Louis XIV ; il y eut bal dans la falle du fpeɕacle ; c'était celle où avait été repréfentée *Mirame* ;

le théâtre fe métamorphosait avec rapidité. La falle de danfe
« était dorée, et faite par grands cadres avec des tableaux
» peints en perfpective, qui étaient un agréable objet à ceux
» qui occupaient l'amphithéâtre. »

Les fiéges et les carreaux n'étaient pas apportés par des
laquais; ils montaient feuls du deffous; & dans le haut de
la falle il y avait un trône de toile d'or & d'argent; « quatre
» grands chandeliers (candélabres) de criftal éclairoient cette
» falle qui paroiffoit un véritable enchantement, & qui, dans
» nos jours, nous repréfentoit le fiècle d'Urgande & d'Ar-
» mide. » Ce fut dans ce milieu enchanté que Louis XIV,
âgé de huit ans, danfa pour la première fois avec une grâce
parfaite; il était vêtu de fatin noir brodé d'or & d'argent, &
fes longs cheveux blonds tombaient fur fes épaules en groffes
boucles. Le fuccès que, dans cette foirée, obtint fa belle chevelure, fut peut-être ce qui fit que, ne voulant pas renoncer
plus tard à cet ornement, le grand roi impofa à fes courtifans des perruques fi outrageufement bouclées.

Le mardi gras on joua encore l'*Orfeo* — « on joua encore
la comédie. » — Car c'eft une chofe à noter qu'il eft fort
rare que l'on donne les titres des pièces repréfentées à la
Cour; elles femblent n'en pas avoir encore; c'eft fimplement :
« la comédie. » — Le nom ne vient que plus tard; parfois,
comme on le peut voir pour quelques pièces de Molière, le
titre venu après la repréfentation de la Cour, n'eft pas encore
celui qui nous a été tranfmis,

La defcription de l'*Orfeo* dans le numéro du Bureau
d'adreffe du 8 mars eft d'un ampoulé fans pareil : « La
» France avait jufqu'alors une poéfie fupérieure, mais fes
» décors, fes machines, étaient inférieurs à ceux de l'étran-
» ger; cela n'étoit plus, & la preuve en avoit été vue au
» Palais-Royal. » On y jouait les *Aventures d'Orphée*, en-
richies « d'une continuelle mufique d'inftruments & de
» voix. » (Chofe qui ne peut s'appliquer à l'*Orphée* de
Chapoton.)

Les effets de mife en fcène les plus brillants de l'*Orfeo* (nous nous fommes occupés du fcenario & de la mufique dans les *Origines de l'Opéra*), étaient au 1er acte, le feftin des noces d'Orphée et d'Eurydice; là avait lieu le ballet des nymphes de l'hyménée, ballet danfé avec des torches enflammées qui fervaient à « rendre les figures plus agréables & » plus faciles à remarquer de loin. » Tout à coup les torches s'éteignaient d'elles-mêmes et femblaient préfager un malheur.

Au 2e acte, l'Amour venait prévenir Orphée que fa mère Vénus voulait lui ravir Eurydice pour fon fils Ariftée; Vénus, furvenant pendant la confidence, voulait faifir l'Amour pour le punir, mais l'enfant, » par un artifice admirable, » s'échappait de fes mains & s'envolait. C'était dans cet acte, au milieu d'un ballet de dryades, danfant avec accompagnement de caftagnettes, qu'Eurydice, danfant auffi, était mordue par un ferpent et mourait fur le théâtre.

Venait enfuite le palais d'Apollon avec des jardins splendides; le dieu, placé dans le haut de la fcène, fe défefpère de ne pas être defcendu à temps pour fauver Eurydice; la machine fur laquelle il était placé s'abaiffe alors peu à peu, en parcourant le zodiaque; les jardins s'illuminent à perte de vue. L'effet était fi beau que Leurs Majeftés, les princes, tous les affiftants, pouffèrent des acclamations; on eût dit une pluie « d'or, d'efcarboucles & de brillants » tant le char d'Apollon était enrichi de pierreries. — « L'artifice de la » machine qui le faifait en même temps defcendre du ciel & » biaifer par fes douze maifons, rendait croyable ce que l'an- » tiquité romaine nous raconte de ce ciel de Marcus Scaurus, » dans lequel il voyoit lever fur fa tête et coucher fous fes » pieds le foleil. » Les machines furprenantes étaient inventées par Torelli, qui avait été aidé dans les décors par le peintre Guillerié & fon élève Coypel.

Le 3e & dernier acte repréfentait un défert affreux; les Parques engageaient Orphée à defcendre aux enfers; Eury-

dice apparaiffait en outre & pourfuivait Ariftée qui devenait
fou de terreur. Junon, favorable aux époux, envoyait aux
enfers la Jaloufie, afin de perfuader à Proferpine de ne pas
garder près de Pluton une morte auffi gracieufe qu'Eurydice.

L'enfer préfentait d'abord une vafte folitude filencieufe;
mais aux accents d'Orphée tous les démons entraient en
danfe : « Ils apparaiffaient fous la forme de bucentaures, de
» hiboux, de tortues, d'efcargots, & de plufieurs autres ani-
» maux eftranges & monftres les plus hideux que les poëtes
» & les peintres feignent habiter ces lieux-là. » Renaudot a
l'air affez tiède pour l'enfer de l'*Orfeo* & ne fe répand pas
en louanges comme nous verrons qu'il fut fait pour l'enfer
de Chapoton.

Comme Junon l'avait défiré, Eurydice eft rendue à fon
époux; mais elle revient peu après aux Champs-Élyfées;
Caron raconte, en chantant, la fcène de la féparation irré-
vocable des époux. L'on retrouve enfuite Orphée dans une
demeure antique où il attendrit tous les animaux; l'on voyait
alors des lions, des panthères, & autres bêtes furieufes venir
fauter autour de lui.

Le dernier décor repréfentait un bocage fur le bord de la
mer; Vénus, apparaiffant fur une conque marine, excitait la
colère des bacchantes qui, après un ballet, maffacraient Orphée.
Jupiter, dans une gloire, l'enlevait alors & le plaçait avec
Eurydice au nombre des habitants de l'Olympe.

« Voilà, dit en terminant le programme, *en attendant*
» *qu'une mufe héroïque l'habille mieux à la françaife,*
» le fidèle rapport de ce qui s'eft paffé. » Ces mots foulignés
ne femblent-ils pas indiquer une imitation, une œuvre fur
*Orphée* promife au public, & ne font-ils pas allufion foit à
l'*Orphée* de Chapoton, foit à celui qui fut joué à la Cour
en 1662. Ce récit du Bureau d'adreffe fe rapporte à la troifième fois que fut joué l'*Orfeo*, foit le mardi gras de l'année
1647, car le narrateur ajoute que le roi affifta à cette repré-

fentation bien qu'il fût fatigué du bal de la veille « auquel il
» fit tant de merveilles de fa perfonne royale que chacun lui
» donna le prix de la danfe. »

Ce qui nous porte à penfer que l'*Orphée* de Chapoton fut
une imitation de l'*Orfeo*, c'eft que le prologue, imprimé
comme nous l'avons dit chez Baudry en 1647, au mois de décembre, offre une analyfe de cette œuvre « *qui va paraître* »
fur la fcène françaife, afin que ceux qui ne pourront y affifter
puiffent au moins « en voir fur le papier la fuperbe peinture. » Dix mois s'étaient donc écoulés depuis la première repréfentation et la quafi-chute de l'*Orfeo ;* il eft poffible que
la rancune politique ait cherché à bleffer le cardinal dans les
petites chofes en faifant réuffir un fujet qui avait échoué devant les courtifans.

Les comédiens du Marais avaient fait fabriquer, pour cette
circonftance, les machines « les plus belles & les plus extraor-
» dinaires que l'artifice des fiècles préfents & paffés puiffe
» inventer. » Les curieux qui fe rendront au fpectacle, dit la réclame que nous citons, verront « des dieux defcendre fur la
terre, » — des «divinités voguer dans le vague de l'air, — le
» foleil rouler fur fon zodiaque, — les furies errer dans leurs
» cavernes, — des dryades courir dans les bois, — des bac-
» chantes métamorphofées en arbres, — des ferpents ramper, —
» des animaux marcher, — la terre s'ouvrir, — l'enfer pa-
» raître, — & l'agréable diverfité des plaines, des déferts, des
» rochers, des montagnes & des fleuves, difputer avec la nature
» pour tromper agréablement la vue des fpectateurs. » On
voit par ces quelques lignes que nos pères entendaient déjà
affez bien l'annonce & la réclame. La dixième partie de ce
que le programme promettait eût fuffi pour attirer le public.

Dans le premier acte, après le lever rapide de la toile, on
apercevait une forêt ; le ciel couvert de nuages mouvants était
fecoué par une forte tempête ; Junon apparaiffait au milieu
des éclairs ; fa préfence calmait l'orage & des nuées fe déve-
loppaient pour la dépofer fur la fcène. A fa voix, l'Envie mon-

tait des deſſous, couchée ſur un lit de lézards & d'aſpics « dont_
» elle fait ſa nourriture habituelle » ; l'Envie portait un costume entièrement fait de reptiles s'agitant & ſecouant la tête.

Le deuxième acte offrait la vue d'un jardin ſuperbe, avec de
longues allées bordées de charmilles & de fontaines ; c'était
là, lors des fêtes de ſon mariage, qu'Eurydice était piquée par
un ſerpent. Orphée invoque alors Apollon ; l'horizon rougit,
le ſoleil apparaît traîné par ſes quatre chevaux qui marchent
ſur le zodiaque. Après avoir calmé la douleur d'Orphée en lui
promettant qu'il retrouvera Eurydice, il remonte ſur ſon char,
« crève » la nue, & fait apparaître au ciel ſon palais lumineux, brillant des couleurs de tous les « métaux & de tous
» les minéraux ; ce décor ſurpaſſait l'idée de tout ce que l'on
» peut imaginer de beau. » En même temps qu'Apollon ſe montrait dans les airs, ſous l'influence de la chaleur, une magnifique allée de fleurs ſurgiſſait du ſol.

Le troiſième acte comprenait, dans un décor repréſentant
l'entrée du Ténare, avec d'horribles rochers, une longue ſcène
avec Caron.

Le quatrième acte ſe paſſait en enfer ; le décorateur ſem-
blait avoir attaché la plus grande importance à ce décor qui,
il nous a ſemblé, avait été le point faible de l'*Orfeo ;* nous
laiſſons la parole au libraire : Décrire un pareil décor eſt impoſſible & le lecteur doit chercher à comprendre avec ſon imagination quelle « ſera cette décoration de l'enfer, où l'on verra
» tout d'un coup le théâtre couvert de flammes depuis un
» bout juſques à l'autre, qui, ne diſparaiſſant pas comme un
» eſclair, dureront autant que la ſcène durera. Le haut meſme
» du théâtre qui repréſentoit le ciel auparavant, ne paroiſtra
» plus qu'un aſſemblage de cent couleurs funeſtes, dont le
» triſte meſlange & le mouvement en eſtonnant les ſpecta-
» teurs les laiſſeront dans une admiration profonde.»

Cette deſcription pompeuſe, par l'inſiſtance qu'elle apporte,
vers la fin à indiquer que le haut même du théâtre changera,
donne ce renſeignement curieux, juſtifié au reſte par les gra-

vures du temps, que fouvent la toile du fond variait, mais
que le ciel & les montants reftaient les mêmes depuis le commencement de la foirée jufqu'à la fin.

Le cinquième aâe comprenait deux tableaux ; un fite champêtre d'abord, puis à la fuite d'un « merveilleux changement »
un vafte vallon, entrecoupé de forêts, d'une puiffante perf-
peâive. Orphée y était affis fur le mont Rhodope, les arbres,
les rochers, les animaux, viennent autour de lui attirés par
fes plaintes ; les bacchantes l'attaquent, d'abord avec des
pierres ; puis elles fe jettent fur lui & le maffacrent. Jupiter
apparaît alors & par « une machine furprenante & fubtile »
il change en arbres les bacchantes & emporte au ciel Orphée
& Eurydice.

Le fieur Buffequin était l'inventeur de ces merveilleufes mécaniques employées dans l'*Orphée* français, qui a moins d'emphafe & eft plus courte que la pièce italienne ; mais deux
grandes différences exiftent entre les deux œuvres : une mufique continuelle foutenait l'*Orfeo*, & l'*Orphée* de Chapoton
n'avait pas de ballets. Ce dernier était déclamé & ne contenait
en fait de mufique, que trois ou quatre morceaux chantés par
Orphée & Eurydice qui devaient à la fois, comme nos artiftes de l'Opéra-Comique, parler & chanter. La différence de
la poéfie déclamée & de la poéfie chantée eft indiquée dans
le livret par une impreffion différente ; toute la pièce eft imprimée en caraâères italiques, les couplets & les ftances feuls
font en caraâères romains. Cambert paffe pour avoir fait la
mufique de ces quelques rares morceaux de l'*Orphée* de Chapoton.

Nous n'avons trouvé autant dire aucun renfeignement fur
les coftumes de l'*Orfeo* & fur ceux de l'*Orphée*. Le feul do-
cument que nous ayons rencontré eft une gravure mife en tête
de l'*Orphée*, in-4o, publié en 1648, chez T. Quinet (*Orphée
de Chapoton*), & qui peut-être ne retrace que très-indireâe-
ment les coftumes portés par les artiftes. Dans cette gravure,
Orphée & Eurydice font affis ; tous deux ont les cheveux

épars & portent fur la tête de lourdes couronnes de lau-
rier. Eurydice eft vêtue d'un ample manteau, laiffant à découvert une partie de la poitrine & des épaules; Orphée a
auffi une vafte tunique relevée au-deffus des genoux; il a les
jambes nues, chauffées de brodequins à l'antique, hauts &
fort ornés.

Nous ne favons fi c'eft à la chute de l'*Orfeo* ou au fuccès
de l'*Orphée* qu'il faut attribuer l'importance que quelques
mazarinades attachèrent à cette fable; mais, dans l'intention
évidente d'être hoftile à Mazarin, plufieurs pièces de ce temps
parlent d'*Orphée*, donnent des détails fur les fommes dépen-
fées pour fa repréfentation, & font des parodies parfois affez
gaies, où la fantaifie trouve évidemment fon compte, mais
où doivent auffi fe rencontrer quelques traits fe rapportant
aux effets vus en fcène. Nous citons quelques courts fragments de ces pièces intéreffant notre fujet.

Une mazarinade, imprimée le 18 mai 1649, dit d'abord
que l' « *Orphée* a tant paru dans le férieux qu'il peut donner
curiofité de le voir dans le burlefque; » la poéfie ridicule
commence là où Orphée attendrit par fes chants les bêtes &
les objets inanimés; l'auteur fe moque des longues tirades &
des effets fcéniques:

. . . . . . . . . . .

*Tout dance aux fons de ce concert,*
*Voyez-vous ce roc qui dandine....*

. . . . . . . . . . .

*Ces vieux pins à branches pourries*
*Veulent dancer les cannaries :*
*Auffi dancent les arbriffeaux,*
*Les taillis ballent par faiffeaux;*
*La fouche que la lyre attire*
*Suit le tronc qui tire à la lyre,*
*L'herbe fait voir à frétiller*
*Qu'un fredon la fçait chatouiller*

. . . . . . . . . . . . .

*Et vous, champignons, potirons,*
*Qui Jautez sur un pié, tous ronds,*
*Venez vous payer en gambades*
*Ce raviJJant donneur d'aubades....*

Suit une énumération qui embraJJe toute la nature; il y a
évidemment exagération, mais les objets qui s'agitaient en
Jcène étaient innombrables, finguliers, & fi Orphée avait eu
l'idée

*De les faire dancer en Joire,*
*Il auroit plus gagné de Jous*
*Qu'Aubervilliers ne vend de chous.*

Cette mazarinade, qui femble pouvoir être attribuée à Scar-
ron, tire, fuivant l'ufage de cet auteur, fon caractère comique
du rapprochement rapide d'objets poétiques avec les chofes
les plus vulgaires de la vie de chaque jour.

Une autre mazarinade, à peu près de la même époque, parodie la grande tirade d'Orphée après qu'Eurydice eft re-
tournée aux enfers; l'équivoque, fouvent ordurière, y abonde;
Orphée fe tait enfin, quand il

*Euft plus geint & plus Joupiré*
*Qu'un vieux Joufflet d'orgue ou de forge.*

Le dernier mot de cette mazarinade indique que l'auteur, fans
nommer l'*OrJeo* protégé par le cardinal, a voulu faire une
parodie à côté dont la plupart des traits moqueurs devaient
porter.

En 1651, le 11 mars, on rappelait encore la chute de la
comédie lyrique du cardinal; on lui difait :

*On le tient inventeur.....*
. . . . . . . . . .
*....... de ce cher ballet,*

> *Ce beau mais malheureux* O1phée,
> *Ou pour mieux parler, ce Morphée,*
> *Puisque tant de monde y dormit.*

Enfin (nous citerons encore cet exemple), un autre pamphlet en profe du 7 août 1652, dit que Mazarin renchérit encore fur le luxe général « en ne fe contentant pas du fu- » perbe falon que le cardinal de Richelieu avoit fait bâtir » pour fes comédies, mais en le faifant rompre en partie » pour donner place aux immenfes machines de cette en- » nuyeufe comédie *(Orfeo)* qui coufta cinq cens mille francs » au roy de l'argent du peuple. » (On dit même plus d'un million.) C'était beaucoup d'argent, & il ne faut pas s'étonner que Mazarin ait cherché à utilifer avec *Andromède*, les décors fabriqués & coûteux. La pièce de Corneille, composée rapidement dans ce but, ne fut cependant repréfentée qu'au mois de février 1650 fur le théâtre du Petit-Bourbon; tour à tour le Père Vincent, confeffeur de la reine, les événements politiques, la maladie du roi, avaient occafionné quelques retards. Conrart, dans fes *Lettres familières*, en parle déjà le 20 décembre 1647. « On préparoit, dit-il, force machines » au Palais Cardinal, pour repréfenter, ce carnaval, une co- » médie en mufique, dont M. Corneille a fait les paroles : il » avoit pris *Andromède* pour fujet, & je crois qu'il l'euft » mieux traité à notre mode que les Italiens. Mais depuis la » guérifon du roy, monfeigneur Vincent a dégoûté la reine » de ces divertiffements... » Cependant, ajoute-t-il, on joue, on s'amufe.... « Mais je crains que le printemps ne vous » faffe voir de nouvelles tragédies, fur le grand théâtre, où » il y a déjà eu tant de fang répandu. »

Bien que cette adaptation du génie de Corneille à quelques acceffoires que l'on vouloit utilifer femble extraordinaire, il eft à propos de remarquer que ce ne fut pas le feul exemple qui fe produifit d'une pièce compofée pour faire fervir quelque décor; *Psyché*, par exemple, fut. dit-on, commandée à

Molière, afin d'utilifer un enfer célèbre, que le garde-meuble du roi Louis XIV avait en magafin.

Au refte, par une étrange verfatilité dans le caractère du public, à laquelle le nom de Corneille ne fut peut-être pas étranger, *Andromède* réuffit par les mêmes machines qui n'avaient pas fauvé *Orfeo* du naufrage.

La *Ga{ette de France* du 18 février 1650, qui rend compte de la repréfentation, déclare que les Grecs, les Romains font furpaffés, que les miracles des prêtres égyptiens ne font rien en comparaifon des merveilles d'*Andromède.* Pour la première fois, dit-elle, chaque rôle était joué par *un artifte différent*, au contraire de ce qui arrivait fouvent, c'eft-à-dire qu'un artifte jouait à la fois plufieurs rôles, ufage qui nuifait à l'illufion. Le machinifte Torelli voyait enfin les troubles apaifés lui préparer un horizon tranquille ; fes « méchaniques » plurent tant au public, que quelques amateurs, ancêtres de ceux de nos contemporains qui virent cent fois la *Belle Hélène*, y retournèrent jufqu'à douze fois de fuite.

Dans le prologue, qui fe paffait dans un bois borné par de hautes montagnes, on voyait la mufe du roi fi bien enlevée fur un char, que devant cette « merveille, on ne pourroit » l'imputer qu'à un art magique, fi l'on ne favoit que rien » d'illicite ne fauroit s'allier avec la piété du roi. » Les montagnes s'abaiffaient peu à peu pour laiffer voir le décor du 1<sup>er</sup> acte : une place publique fur laquelle fe trouve le palais de Céphée ; il y a là abondance fingulière de monuments antiques, colonnades, temples, rotondes, mais tous d'un goût tellement banal qu'on les croirait fortis d'une méthode élémentaire d'architecture. Caffiope, mère d'Andromède, avec fes filles d'honneur, « vêtues de brocatel, couvertes de grands » clinquants » raconte à Perfée fes craintes ; on doit livrer au monftre marin une jeune fille, & au moment où elle parle le fort décide quelle fera la victime. Pour fe rendre les dieux favorables elle facrifie à Vénus ; la déeffefe montre, fon étoile apparaît d'abord comme un point lumineux qui groffit

peu à peu; Vénus eſt aſſiſe au milieu; l'aſtre ſe détache du
« corps de ſon ciel, » la mécanique ſe développe & dépoſe la
déeſſe ſur le bord du théâtre. Cette fois Vénus n'eſt pas repréſentée nue comme dans le deſſin de Torelli que nous avons
cité plus haut; elle eſt vêtue à la mode de 1650. Les coſtumes
des autres perſonnages ſe reſſentent encore au reſte de ceux
de *Mirame;* les hommes portent le luxueux baudrier, les longs
cheveux bouclés, la cuiraſſe & le caſque empanaché. Les dames ſont toutes habillées comme Vénus, & l'effet eſt très-
ſingulier, lorſqu'au milieu du jardin royal, formant le décor
du 2ᵉ acte, Andromède eſt enlevée par les vents; cette dame
de la cour, ſoutenue dans les airs par deux génies ornés de
grandes ailes de libellules, eſt de l'aſpect le plus curieux. L'enlèvement de l'héroïne a lieu parce que Andromède a été défi-
gnée par le ſort; ſa famille refuſe de la livrer; le ciel s'ob-
ſcurcit & au milieu du tonnerre & des éclairs, Eole & les
vents fondent ſur Andromède, la ſaiſiſſent & l'emportent; Phinée qui veut la défendre eſt renverſé par la foudre. Le théâtre
s'éclaire enſuite peu à peu. Ce décor du jardin royal était
orné de cariatides & de fontaines, & au milieu de la ſcène était
un berceau d'arbuſtes placés dans de grands vaſes de faïence;
nous verrons ce genre d'ornementation ſouvent employé à la
cour. Mais le beau palais diſparaît tout d'un coup ſous les
eaux qui l'envahiſſent, les flots ſe heurtent le long des hautes
murailles de rochers qui les reſſerrent; au fond, la mer s'étend
à l'infini.

Dans le ciel apparaît alors Andromède portée par les vents
qui l'ont ſaiſie; ils deſcendent & l'enchaînent au rivage; le
monſtre arrive à ſon tour, remuant « chacune des parties de
» ſon corps, & paraiſſant de grandeurs diverſes à meſure
.» qu'il approche; » il va dévorer la captive quand Perſée,
monté ſur ſon cheval ailé, ordonne aux vents de délivrer Andromède & de la reconduire dans ſon palais. Les vents obéiſ-
ſent, le groupe s'élève & diſparaît de nouveau dans les airs,
tandis que Perſée caracole à droite & à gauche pour faire

bien apprécier l'adreffe du machinifte, organifateur de tant
de merveilles nouvelles. Neptune fort alors de l'eau avec fes
néréides; fur fon ordre la mer fe gonfl , attaque les rochers
fur lefquels a été attachée Andromède; ils s'écroulent, & un
magnifique palais apparaît pour encadrer le 4ᵉ acte.

Une colonnade ornée de ftatues compofe ce décor, au-deffus
duquel Junon fe promène dans fon char attelé de deux paons;
elle tourne & « vire à droite & à gauche. » Mais cet acte ne
femblait rien à côté du tableau mouvementé & à grand effet
qui l'avait précédé.

Quant au dernier décor, il repréfentait le temple de Jupiter; Mercure accompliffait fes fonctions de meffager en montant & en defcendant du ciel fur la terre. Jupiter confentait à
quitter pour quelques inftants fon palais célefte pour protéger
Perfée & faire que Phinée, auquel s'intéreffe Junon, renonce à
Andromède; fon char rencontrait fur terre ceux de Neptune
& de Junon. La concorde établie, le roi & Perfée, la reine &
Andromède, prenaient place fur les machines à côté de leurs
protecteurs, & tous montaient vers l'Olympe afin de célébrer
les fêtes du mariage.

Il y avait dans cette repréfentation des effets qui devaient
frapper vivement l'imagination des fpectateurs; & certains
mouvements, tels que l'enlèvement d'Andromède & fa defcente
fur les rochers, devaient être d'une grande difficulté à accomplir. Le tableau de la mer & du monftre paraît avoir été fabriqué exprès pour Andromède; quant aux autres décors ou
machines, il eft aifé d'y reconnaître une partie des matériaux
qui avaient été employés dans l'*Orfeo;* nous nous bornerons
à indiquer feulement l'Étoile de Vénus, le jardin des noces
d'Eurydice, le temple de Jupiter, enfin les machines d'Apollon
& la conque de Vénus adaptées à Jupiter & à Neptune, &
nous laifferons au lecteur le foin de relever, par une comparaifon plus attentive & au refte affez inutile, la lifte des acceffoires qui avaient pu être employés dans l'œuvre de Corneille
après avoir fervi à l'*Orfeo.*

Nous devons fignaler toutefois, avant de terminer, une particularité curieufe de l'*Andromède;* c'eſt que la muſique qui
accompagnait le drame était compofée par Daſſoucy, le poëte
bohème & excentrique, qui avait fouvent utilifé, dans fa carrière errante & aventureufe, fes talents de chanteur & de com-
pofiteur muſical.

# CHAPITRE VI

*Ballets de la minorité du roi Louis XIV.*
*Le* Ballet de la Nuit *(1653)*.
*Les* Noces de Thétis et Pélée *(1654)*.

LES repréfentations littéraires avec machines ne faifaient pas oublier les ballets; ils étaient toujours la récréation aimée de la cour de France, & fe fuccédaient tantôt fimples, tantôt éblouiffants.

*La mafcarade de Caffandre*, repréfentée le 26 février 1651, fut le premier ballet où figura Louis XIV; nous l'avons déjà vu danfer au bal après la repréfentation de l'*Orfeo*, mais ici il était perfonnage dans le ballet; il inaugurait ainfi fes vingt années de carrière théâtrale qui, commencées avec *Caffandre* en février 1651, fe terminèrent avec le *Ballet de Flore*, le 13 février 1669, quand le royal danfeur eut accompli fes 31 ans.

Le ballet de *Caffandre* qui « eft le premier de notre jeune » monarque, & duquel Sa Majefté a voulu s'acheminer par » degrez à danfer un jour, contre fes ennemis, des danfes ar-

1.

» mées à la Pyrrichienne », était un fingulier mélange d'entrées bouffonnes. Nous n'avons pas à nous préoccuper de fa
mife en fcène & nous ne le citons que parce que le roi y fit
fes premières armes.

En 1651, on danfa, dans le jardin du Palais-Royal, le *Ballet Royal ;* ce fut vers le 15 juin, car Loret, dans fa lettre du
18 juin, dit :

> . . . . . . . . . *Notre fire*
> *Depuis deux ou trois jours en ça,*
> *Son troifième ballet danfa.*
>
> . . . . . . . . . . .
> *Ce fut au Jardin, à peu de frais,*
> *A la lueur de cent chandelles*
> *Et de plufieurs belles prunelles...*

accompagnement obligé de ces fêtes galantes. Ce *Ballet
Royal* cherchait à conferver l'apparence d'une récréation im-
provifée ; le jardin fourniffait le décor, comme cela eut lieu
plufieurs fois par la fuite, à Fontainebleau, dans la forêt, &
à Verfailles dans les bofquets du parc. A côté de cette fimplicité évidemment étudiée, pour laquelle on déguifait la nature,
venaient des fêtes plus brillantes, telles par exemple, le *Ballet
de la Nuit,* danfé dans la falle du Petit-Bourbon, & qui paffa
pendant une année (jufqu'aux *Noces de Thétis & de Pélée*),
pour le nec plus ultrà du luxe & de l'élégance.

Nous devons parler affez longuement de ces deux derniers
ballets : non-feulement à caufe de leur importance, mais encore
parce qu'ils font tous deux d'un genre bien tranché. L'un, le
*Ballet de la Nuit,* eft une fuite d'intermèdes fe fuccédant à
peu près fans ordre ; l'autre, le *Ballet des noces de Thétis
& de Pélée,* eft une œuvre, ayant une intrigue, une certaine
unité & un dialogue fuivi.

Le *Ballet de la Nuit,* tout en faifant la part de l'hyperbole
dans les louanges de Loret, avait de quoi diftraire les yeux les

plus affamés. On y voyait « cent machines furprenantes, des
» perfpectives charmantes ; »

> *Le ciel, l'air, la mer & la terre,*
> *Les jeux, les ris, la paix, la guerre,*
> *Un joly petit point du jour,....*

C'était Monfieur, frère du roi, qui jouait auffi le rôle d'un
galant contant fleurette à M. le duc de Villeroy coftumé en
femme. On voyait encore :

> *Un foleil brillant de lumière ;*

c'était le roi, dont l'envoi en vers était curieux, en ce fens,
qu'il le repréfentait comme devant, quelques années après,
détruire l'empire turc; Benferade lui faifait dire :

> *. . . . . . . Ma clarté paraiſſant*
> *Ira, victorieufe, au milieu de Byzance*
> *Effacer le Croiſſant.*

Puis, apparaiffaient, nous dit encore Loret :

> *Les aſtres, le croiſſant, l'aurore,*
> *Maint aſſaut, maint rude combat,*
> *Des forciers allant au sabbat,*
> *Loups garous, dragons & chimères,*
> *Plufieurs galants, plufieurs commères,*
> *Des déeſſes, des forgerons,*
> *Des chrétiens, des Turcs, des larrons,*
> *Singes, chats, carroſſe, incendie,*
> *Foire, bal, ballet, comédie.....*

Il y avait en effet de tout ; c'était des changements à crier miracle. La diverfité des objets mis en fcène montre la fingulière tendance des efprits du temps à échapper à toute mefure impofée : dans le ballet, point d'unité, fa profcription

était de règle; c'était la contre-partie exacte de la comédie &
de la tragédie, & l'imagination fe donnait librement carrière.

Si les *Noces de Thétis & de Pélée* font une forte d'opéra
avec mufique & fpectacle, le *Ballet de la Nuit* eft un fouvenir des vieilles entrées accumulées, &, dans fes fcènes trop
nombreufes, nous détachons quelques renfeignements intéref-
fants fur la coupe, la liaifon des idées, les effets & les costumes.

Le *Ballet royal de la Nuit* fut repréfenté le 23 février
1653; il était divifé en quatre parties ou veilles; la première,
de fix heures à neuf heures du foir; la deuxième, de neuf
heures à minuit, heure des bals, comédies; la troifième, de
minuit à trois heures du matin; la quatrième, de trois heures
du matin à l'aurore. Chaque partie contenait des épifodes fe
rapportant aux heures écoulées.

Les entrées étaient au nombre de cinquante-quatre, & nous
avons fouligné les fix dans lefquelles le roi danfait un perfonnage.

Première Partie. — Entrées de : 4 *heures de la nuit.*
— Prothée. — 5 néréides. — 6 chaffeurs. — 2 bergers &
2 bergères. — Bandits & merciers. — Galants & coquettes.
— 4 Egyptiens & 2 Egyptiennes. — Un gagne-petit. — Marchands & marchandes. — Un perroquet, un chien, une corneille & un enfant. — Filous & foldats. — La Cour des Miracles. (14 entrées.)

Deuxième Partie. — Les 3 Parques. — Vénus avec les
*Jeux,* les Ris, Comus & l'Hymen. — Bal chez Roger & Bra-
damante. — Médor & Angélique. — Guidon & Marphife. —
Les noces de Thétis & de Pélée. — Vulcain & les Cyclopes.
— Thémis & Ganymède. — Janus, Apollon & les Mufes. — La
Difcorde. — Comédie d'Amphitryon (durant 5 entrées). — Es-
pagnols & Efpagnoles. (16 entrées.)

Troifième Partie. — Plaifants. — 6 Corybantes. — 8 *ardents.* — Un grand homme. — 4 monftres. — Magiciens &
forcières. — 6 loups-garous. — 3 *curieux.* — L'incendie. —
Larrons & archers. (13 entrées).

Quatrième Partie. — Les démons. — 6 *furieux*. — 10 aven-
turières. — Ixion & Junon. — Le peureux & les ombres. —
Un poëte & un philofophe. — 5 amoureux. — Les faux-
monnayeurs. — 6 forgerons. (10 entrées.)

Pour finir, apparaiffait l'Aurore, fuivie du Point du jour
& bientôt éclipfée par *le Soleil*.

Les principaux décors repréfentaient : le bord de la mer, —
une rue avec boutiques, — la cour des Bohémiens, — la falle
de bal de Roger, — la place antique de la maifon d'Amphitryon, — le fabbat, — la maifon incendiée, — la grotte des
fonges, — l'antre des faux-monnayeurs, — le lever du foleil.

Il ne faut pas trop chercher chicane aux auteurs pour l'ordre
dans lequel ils ont rangé leurs intermèdes ; bien des entrées
qui ont lieu de trois heures à l'aurore auraient pu avoir lieu de
minuit à trois heures, mais qu'importait ? l'effentiel était qu'il
y eût, non des entrées bien réparties, mais des entrées nombreufes.

Quelques coftumes doivent d'abord être indiqués :

*Protée* portait une bloufe verte, avec une ceinture de poiffons, des huîtres fur les manches, une raie fur la poitrine.

Un *Egyptien* avait des bas blancs, une culotte courte &
étroite, à bandes rouges & blanches ; des manches longues
tombant de l'épaule, une vefte jaune, une chemife blanche,
un feutre à grands bords & à plumes, & un tambour de
bafque. Si ce fut là le coftume des Egyptiens dans les divertiffements de Molière, il était d'un piteux effet. En revanche,
celui d'une *Egyptienne* eft affez gracieux. Elle porte une forte
de.large bloufe, à la valaque, rouge, tombant jufqu'aux pieds,
& laiffant les bras à découvert ; la poitrine eft décolletée, &
recouverte d'une guimpe blanche. La bloufe eft bordée de
longues bandes de diverfes couleurs ; c'eft fans doute cette
bloufe que l'on appelait *mante* & dont le roi Louis XIV
faifait fouvent cadeau aux danfeufes de la troupe de Molière.

Les coftumes des pauvres dans la *Cour des Miracles* font
dans le ftyle des Gueux de Callot ; ils compofaient un fingu-

lier & affez trifte divertiffement, étalant leurs mifères & leurs
plaies, tour à tour lépreux, manchots & culs-de-jatte.

*Apollon* eft déguifé en violon; il a fur la tête une viole qui
encadre fon vifage, deux violons fur fes bras; une baffe de
viole eft appliquée fur la poitrine. Ses jambes font blanches &
il porte une courte jaquette rouge & blanche.

*Amphitryon* eft une forte de Pulcinella, avec juftaucorps,
cape & béret noirs, une culotte jaune & l'épée au côté. Sofie,
digne valet d'un tel maître, eft en vefte courte, en chapeau
rond, & porte fur fon coftume blanc de gros ronds de couleurs
variées. Alcmène eft bien de la même maifon, elle a le feutre
à plumes, la jupe rouge & le corfage de chaffe jaune.

L'*Air* a un coftume bleu ajufté, femé d'étoiles & bouillonné
de gaze d'argent; fon coftume eft affez gracieux; le mieux
réuffi eft celui d'un *ardent*, qui porte un maillot ajufté couvert
de flammes rouges à reflet d'or: c'eft une excellente fantaifie
qui remonte, comme nous l'avons dit, au ballet de *Renaud*,
fous Louis XIII.

Il femble que dans la plupart de ces coftumes il y ait eu un
oubli volontaire du ftyle, une forte de parti pris, burlefque,
d'éviter la couleur locale ou de la *charger*, comme on le fait
de nos jours dans nos féeries. Sans parler des excentricités que
nous venons de rapporter à propos de la tenue d'Amphitryon,
de fa femme & de fon valet, les héros de l'Ariofte, dans le bal
donné par Roger à Bradamante, font habillés d'une façon
qu'il était impoffible de confidérer comme exacte, même au
temps de Louis XIV.

Ces coftumes font de beaucoup plus mauvais que ceux
dont nous parlerons à propos des *Noces de Thétis &
de Pélée.* Ce dernier fujet était au refte renfermé, fans
développement, dans le *Ballet de la Nuit,* & fa mife en fcène
dans ce dernier cas eft intéreffante à comparer avec la longue
pièce que nous expofons plus loin. Thétis eft pourfuivie par
Pélée; pour lui échapper elle fe métamorphofe fucceffivement
en animal, en rocher & en feu; mais, revenue à fa première

forme, elle eft faifie par son amant, & procède à fa toilette de
mariage. Par une vieille tradition de ce qu'on appelait des
*zapates*, des divinités & des nymphes apportent tout ce qui
lui eft néceffaire : les trois Grâces l'habillent; Mercure en
mercier, offre les mouches & les galands; Vulcain & les
Cyclopes ouvrent la marche du cortége; Ganymède, Bacchus,
Cérès difpofent la table; Janus furveille les portes, Apollon &
les Mufes fourniffent l'orcheftre. Mais alors la Difcorde inter-
vient & brouille toute la fête; l'épisode de Thétis fe mêle à
celui d'Amphitryon, & au travers d'une farabande espagnole,
Alcmène fe promène avec une fervante appelée Bromia, circonftance dont s'est peut-être fouvenu Molière en créant le
rôle de Cléanthis.

Le tout était entremêlé de récits, déclamations, galanteries
parfois équivoques, appareils à nuages, mufique & machines.
On remarquait entre autres, au milieu de tous ces intermèdes
de genres fi difparates : le char de la Nuit tiré par des hiboux,
— les troupeaux de Protée, — une meute de chaffe, — les car-
roffes fe promenant devant les boutiques des marchands, — la
gloire de Vénus defcendant du ciel,— celle de Diane,— la danfe
des Corybantes, — le départ pour le fabbat & l'apparition de
quatre nains fortant de coquilles de limaçons & s'envolant enfuite pour fuivre les forcières, — le lever du foleil — & furtout
le char de la Victoire. Il était difficile de faire avec tous les
matériaux dont nous venons de parler un tout bien cimenté,
les tranfitions étaient brufques & peu ménagées, & telles
qu'on les voit dans les féeries où la vraifemblance n'eft pas
précifément ce qu'on refpecte le plus.

Comme oppofition au fyftème qui avait produit de pareils
ballets, on peut citer la confervation de l'ufage de certains
myftères, encore repréfentés, à l'époque qui nous occupe,
dans certains couvents ou établiffements qui en dépendaient.
C'eft ainfi que le 7 août 1651, lors de la diftribution des
prix au collége des Jéfuites de Paris, les élèves repréfentèrent
l'hiftoire de *Saül*. Le décor avait cent pieds de longueur &

occupait toute la cour ; à chaque bout étaient deux vaftes
rampes imitant le marbre blanc & noir, & le bâtiment inter-
médiaire, à deux étages, était décoré de même. Sur la frife,
aux armes de France, étaient placés les buftes de Henri IV,
de Marie de Médicis, de Louis XIII & de la régente. La
pièce était tirée prefque textuellement du Livre des Rois,
& était déclamée en latin. Il y avait quelques intermèdes
bouffes, & les acteurs y étaient coftumés à la « levantine. »
Si la levantine était exacte, les jeunes artiftes avaient atteint
du premier coup une couleur locale fatisfaifante, car les
coftumes portés encore en Orient doivent être les mêmes,
ou peu s'en faut, qu'au temps du roi Saül.

Le jeune roi Louis XIV affiftait à cette repréfentation, & le
fujet, comparé à ceux qui étaient chaque jour placés devant
fes yeux à la cour, dut lui fembler d'un férieux inopportun.

Trois ans après, la repréfentation des *Noces de Thétis &
de Pélée* marqua le moment le plus brillant des décorations
& des machines pendant les années qui précédèrent le mariage du roi ; ce ballet fut aux fêtes de la minorité ce que la
repréfentation d'*Hercule amoureux* fut aux fêtes du mariage ; les détails que nous donnerons, malgré leur étendue,
ne feront donc pas déplacés.

Ce fut le 26 janvier 1654 que fut joué pour la première
fois, dans la falle du Petit-Bourbon, le *Ballet des noces
de Thétis & Pélée ;* il éclipfa rapidement les fouvenirs
qu'avait laiffés le *Ballet de la Nuit.* Un moment de calme
dans les troubles de la Fronde faifait trouver à la cour le
plaifir encore plus doux, & concourait à donner beaucoup
d'éclat à cette fête ; Torelli fe furpaffa lui-même dans fes
machines & fes décors ; l'auteur des paroles

> ..... *Était le fieur Bouty,*
> *De Rome expreffément party.*
>
> (Loret, 18 avril 1854.)

Tous deux offrirent l'hommage de leur œuvre au cardinal

Mazarin, qui avait fait venir de Mantoue des comédiens re-
nommés, & avait appelé près de lui fes charmantes nièces
pour figurer dans les divertiffements.

La pièce repofe fur les *Amours de Thétis & de Pélée.*
Thétis, aimée malgré elle de Jupiter, fe trouve protégée par
la jaloufie de Junon; au travers du drame apparaiffent, affez
arbitrairement, Hercule, Prométhée & le centaure Chiron;
l'iffue eft toute paifible; Prométhée eft délivré, & Pélée époufe
celle qu'il aime, avec la protection de l'Olympe.

Des perfonnes de la cour danfaient dans les intermèdes,
dont Benferade avait compofé, felon la coutume, les envois
tantôt fpirituels, tantôt d'une ineptie profonde. Le roi n'avait
pas ménagé fes peines; il jouait, ou plutôt danfait, fix rôles
différents : Apollon, — une furie, — une dryade, — un aca-
démifte, — un courtifan, la Guerre; dans ce dernier rôle il
apparaiffait fur une « méchanique. » On vit danfer ce foir-là,

> ..... *A ce théâtre merveilleux,*
> *Où tout paraît miraculeux.*
>
> . . . . . . . . . .
> *Des monftres & des perroquets.*

(C'était encore un fouvenir de la *Finta-Pazza*); & la demeure des dieux était fi brillante qu'elle femblait un paradis,
dans lequel on voyait défiler devant fes yeux émerveillés :

> ..... *La paix & la guerre,*
> *L'air, la mer, l'enfer & la terre,*
> *Flûtes, trompettes & tambours,*
> *Et demi-douzaine d'amours*
> *Dans une rayonnante sphère.*

Une rapide analyfe de la pièce fera, au refte, mieux comprendre ce qu'elle était.

A propos de ce ballet de *Thétis & Pélée*, on poffède des
renfeignements plus circonftanciés que d'ordinaire, par fuite

d'une édition qui exifte à la bibliothèque de l'Jnftitut, & qui
renferme, en plus du texte édité chez Ballard, en 1654,
des deffins coloriés, découpés & collés fur parchemin. Ce
volume eft refté entre les mains de M. de la Ferté, jusqu'en 1777, époque où il en fit hommage à la bibliothèque
des menus plaifirs du roi, dont il était le furintendant ; il
contient foixante-douze deffins repréfentant tous les perfonnages du ballet ; ces coftumes font curieux à comparer avec
ceux des deffins de Torelli & d'If. Sylveftre ; ils nous feraient
même devenir plus févères que nous n'avons été pour le
goût du temps, car certains perfonnages (Hercule par exemple)
repréfentés à l'antique dans ces dernières gravures, sont du
goût le plus rococo dans les deffins coloriés.

Maintenant, devant cette difcordance de ftyle, doit-on confidérer les deffins du volume de M. de la Ferté comme tout à
fait authentiques ? N'ont-ils pas été faits après coup, &
ajoutés à une édition du temps ? Ce qui nous fuggère cette
réflexion, c'eft que le *Ballet de la Nuit*, que nous avons
analyfé ci-dessus, eft auffi à la bibliothèque de l'Jnftitut, il
provient de la même fource ; il eft manufcrit feulement, &
les deffins coloriés en sont moins bien réuffis que ceux de
*Thétis & Pélée* ; ils font fur papier, mais le ftyle paraît en
être le même. Or, ce volume porte, fur le verfo de la première feuille : « Ce recueil a été mis en ordre & *deffiné* par
» M. de la Ferté... qui en a fait don... ce 13 avril 1777. »
En aurait-il été de même pour les deffins de *Thétis & Pélée ?*
Sont-ils, bien que très-habilement faits (beaucoup plus habile-
ment que ceux du *Ballet de la Nuit*), l'œuvre de M. de la
Ferté ? Sont-ce, au contraire, des originaux ? S'ils ont été
faits par M. de la Ferté, cela expliquerait certaines exagérations de mauvais goût fentant le xviiiᵉ fiècle. De plus, tout en
étant des originaux recueillis & feulement mis en ordre, ces
deffins ne fe rapporteraient-ils pas à la repréfentation de
*Thétis & Pélée*, qui eut lieu en 1680, fur le théâtre de
l'Opéra ?

Quoi qu'il en foit, comme le fujet n'eft pas d'une haute gravité, & que les différences entre ces deffins de M. de la Ferté & ceux d'If. Sylveftre & de Torelli ne font pas générales, nous prendrons un terme moyen & nous parlerons tantôt des uns, tantôt des autres, felon que la circonftance le demandera.

D'après l'exemplaire dédié par Ballard au duc de Saint-Aignan, on voit, dans la dédicace, que le cardinal lui-même avait indiqué le fujet, & qu'après les travaux de Torelli, Bouty & Benferade, le duc de Saint-Aignan avait « fixé la » richeffe des habits, le choix des airs & des pas; » non content de prodiguer fon efprit, le duc de Saint-Aignan combattit à la barrière, & « danfa admirablement onze en-» trées de suite, preuve de la valeur qu'il peut donner pour » le fervice de la France. » Un fait doit être remarqué dans ce qui précède, c'eft que le duc de Saint-Aignan choifit les airs & les pas; à cette époque, en effet, on n'écrivait pas toujours une mufique nouvelle pour un ballet nouveau, on compofait une partition avec des morceaux pris de côté & d'autre. Quelquefois, plufieurs auteurs faifaient la mufique & fe partageaient les entrées, ainfi Cambeford avait écrit quelques airs pour le *Ballet de la Nuit.* Ce font ces habitudes différentes qui rendent fi difficiles les recherches fur la mufique de ce temps; on ne fait parfois au jufte à qui attribuer des airs que l'on retrouve répétés fouvent dans des fituations diffemblables.

La dédicace de Ballard refpire la douce fatisfaction d'un libraire officiel, d'un imprimeur du roi; Torelli, dans la fienne, paraît moins heureux; il avait de bonnes raifons pour cela; nous avons vu que les Frondeurs l'avaient jugé affez gros perfonnage pour s'acharner après lui, & bien qu'il fût en faveur depuis la *Finta Pazza,* il avait payé fa pofition à la cour « de la perte de tout fon bien, » & avait en plus fouffert « les perfécutions & les emprifonnements. »

« L'ébahiffement » du public commença dès les premiers
inftants, & les yeux, furpris par l'éclat des lumières qui
exiftaient fur le théâtre, ne purent, pendant quelques moments,
bien apercevoir le décor. « C'était un éblouiffement. »

Ce décor repréfentait le mont Parnaffe, fur lequel étaient
groupés Apollon & les Mufes (Apollon, c'était le roi). Le
Parnaffe avait vingt-deux pieds de hauteur; il occupait le
milieu de la fcène vers le troifième plan, & figurait une arcade champêtre, de manière à ce que, au-deffous du rocher
boifé qui foutenait Louis XIV & fes ariftocratiques fuivantes,
on aperçût une perfpective « ruftique, » alignée toutefois
comme le futur Verfailles, & dont les trois routes, bordées
de maigres arbres, formaient la *patte d'oie*. A droite & à
gauche, en avant, étaient deux forêts, ayant, couchés au
pied de leurs premiers arbres, les deux fleuves Appidon &
Onochon appuyés fur leurs urnes, dans la pofe que Boileau
a prêtée au Rhin « tranquille & fier. » Comme couleur locale, au-deffus de la tête du roi en Apollon, un arbufte,
réuniffant fes rameaux, formait écuffon portant les fleurs de
lys de France. Deux chœurs de néréides chantaient les
louanges du roi, foutenues, 1o par un orcheftre de luths, clavecins & théorbes; 2o par un concert de violons, fe répondant alternativement.

Dans les deffins du temps, on retrouve fréquemment le
Parnaffe employé fous forme d'arcade faite de rochers & de
verdure. Lors du mariage du roi, en 1660, la ville de Paris
difpofa un édifice de ce genre; mais le mécanifme ingénieux
du premier tableau des *Noces de Thétis* confiftait dans
l'enfoncement progreffif du mont Parnaffe, jufqu'à ce qu'il
ait dépofé Apollon & les Mufes fur le plancher de la fcène.
On chantait pendant ce temps les vers à la gloire du
roi, & la première entrée, Apollon & les Mufes, était exé-
cutée.

La grâce du roi était « incomparable, » mais ce qui dut
furtout produire de l'impreffion, ce furent les Mufes, qui,

contrairement à l'ufage, étaient repréfentées par les dames de la cour, & le coup d'œil, tout en faifant la part du peu d'exactitude des coftumes, devait être bien autrement attrayant que celui des autres ballets danfés d'ordinaire par des hommes habillés en femmes.

Les Mufes étaient couvertes de pierreries & de perles ; & « fi belles que rien n'a jamais mieux exprimé les appas de » ces aimables fœurs..... qui donnaient de l'éclat aux richeffes » au lieu d'en recevoir d'elles. »

Erato était repréfentée par Mme la princeffe d'Angleterre, — Clio par Mlle de Villeroy, — Euterpe & Thalie par les ducheffes de Créquy & de Roquelaure, — Uranie par la princeffe de Conty, — Terpfychore & Melpomène par Mmes de Montlouët & d'Olonne, — Calliope par la ducheffe de Saint-Simon, — Polymnie par Mlle de Gourdon.

Les fleuves & les néréides avaient des coftumes analogues. Les deux fleuves (il fignor Antonio & le fieur Valié) étaient deux vieillards à cheveux & barbes blancs, avec pourpoint ajufté bleu de roi à écailles, prolongé en jupe très-courte tombant fur une autre jupe blanche venant jufqu'aux genoux. — Les jambes font blanches avec hauts brodequins bleuâtres ornés de guirlandes de rofeaux & herbes marines. — La tête, les bras, la ceinture, font décorés de même ; les bras font nus, & l'une des mains tient une rame.

Les néréides, jouées par les muficiens & pages de la chambre du roi, font vêtues du même bleu à écailles d'or, avec épaulettes, bas de jupe & ceintures en nageoires de poiffons. La jupe ne ballonne pas & couvre à peine le genou ; les manches font longues ; les fouliers font en fatin blanc ; quelques coquilles ornent la robe ; les cheveux font longs par derrière, & la tête eft furmontée d'un diadème de coquillages d'où s'échappent quatre ou cinq grandes branches de corail rouge. — Le corfage eft décolleté.

Ce coftume, déjà peu gracieux pour des dames, devait paraître bien mauffade, porté fottement qu'il était par des hom-

mes coftumés en femmes, & dont les jambes difgracieufes fe
trémouffaient à l'air.

Il femble au refte que, dès le *Ballet de la Nuit,* on eût pro-
tefté contre cette habitude de mettre les hommes en femmes ;
voici ce que, dans ce ballet, l'envoi du comte du Pleffis, repréfentant une néréide, difait en critiquant évidemment l'afpe-
pect des formes mafculines fous le coftume des nymphes de
la mer :

> *O beauté de figure étrange,*
>
> . . . . . . . . . .
>
> *Néréide dont la louange*
> *Eft dans la bouche des poiffons,*
> *Vermeille & fingulière face,*
> *Si toute votre troupe a la même beauté,*
> *Il n'eft point dans la cour de Triton qui ne faffe*
> *De bon cœur vœu de chafteté.*

Dans le même ballet, le duc de Damville repréfentait Angélique ; il était d'une telle taille, que pour juftifier fa trop
robufte corpulence, Benferade lui faisait dire :

> . . . . . . . . . .
>
> *Avec tout mon éclat je ne prétends pas être*
> *De ces jeunes tendrons qui ne font que de naître.*
>
> . . . . . . . . . .

Les néréides des Noces de Thétis devaient donc, comme
nous venons de le dire, faire paraître encore plus charmantes
les dames repréfentant les Mufes, bien que les coftumes de
celles-ci ne fuffent guère mythologiques & fuffent à peu près
ceux de la cour de France. Voici celui d'Erato (la princeffe
d'Angleterre). — La robe eft longue, avec une double jupe
venant à hauteur du genou ; le corfage eft décolleté, les manches demi-longues ont des bouillons de mouffeline couvrant
les bras, & retombant de l'épaule comme les manches véni-

tiennes ; un lambrequin brodé de fleurs orne la ceinture, les
manches & la seconde jupe ; la robe entière est faite d'une
étoffe treillagée or sur fond blanc ; la coiffure se compose d'un
diadème de fleurs avec des plumes blanches & rouges. Le
costume a un aspect lourd ; il était le même, sauf la couleur
qui variait, pour chacune des autres Muses.

Le costume qui avait le plus d'originalité est celui du roi.
Certes on ne peut admettre un Apollon mis de la sorte, mais
que l'on fasse abstraction de cette idée d'Apollon & de celle
de l'antiquité pour ne plus voir qu'un déguisement plus ou
moins coquet, que l'on regarde le dessin à ce nouveau point
de vue, & l'on avouera que le costume est réussi & que le roi
Louis XIV pouvait, ainsi habillé & doublé du prestige royal,
faire de profonds ravages dans les cœurs féminins déjà très-
disposés, à la cour, à se soumettre à ses caprices. Un maillot
rose semble d'abord couvrir le corps ; de hauts brodequins
légers & brodés d'or & de pierres précieuses montent jusqu'aux genoux ; le torse, depuis le menton jusqu'aux poi-
gnets, est couvert d'un pourpoint long & ajusté venant jusqu'à mi-cuisse, fait de mousseline toute brodée d'or, de diamants & de rubis ; la tête, avec les cheveux blonds bouclés
tombant sur les épaules, porte un diadème de rubis & de
perles, d'où s'échappent des rayons d'or & de diamants avec
d'énormes aigrettes de plumes blanches & jaunes, — cette
coiffure est la seule chose mauvaise du costume ; mais la figure
juvénile du roi fait cependant gracieux effet sous ces panaches
extravagants.

Après le tableau du Parnasse, un changement à vue amenait la grotte de Chiron, faite de rochers affreux, & toute
sombre « pour mieux faire sentir la peine de Pélée » dont les
amours avec Thétis sont traversées. Il signor Giusepe di To-
rino jouait Pélée, il signor Philiberto, Chiron (Benserade indique cependant M. de Hesselin comme jouant ce dernier rôle).

On peut se figurer quel effet produisit alors la vue du
théâtre partagé en deux parties superposées ; en bas, la

grotte du centaure s'enfonçant à l'infini, ornée de chaque côté
des tombeaux des héros célèbres ; au-deffus, praticable
comme le premier plancher, un payfage contraftant par fa
lumière avec l'obfcurité de la grotte, & entrevu au travers
d'une vafte déchirure des rochers.

Dans cette grotte myftérieufe, Chiron, protecteur de Pélée,
évoquait des forciers, comme tout bon magicien doit favoir le
faire. Quatre forciers & quatre forcières furgiffaient du fol à
l'appel du centaure avec des habits de foie noire brodée d'or,
avec talc couleur de feu & feuilles d'or ; ils avaient le pourpoint
jufte, avec deux courtes jupes fuperpofées & dentelées ; ils
portaient culottes & manches courtes afforties, des cafques
avec des chimères aux ailes déployées, & fur tout le corps,
aux coudes, aux épaules, aux genoux, au ventre, étaient fixés
de vilains mafques de monftres.

Les forciers étaient repréfentés par MM. le comte de Lude,
marquis de Villequier, de Genlis, de Verbec. — Les forcières,
par MM. Bontemps, Cabou, Baptifte, Saint-Lambert. (Ce
Baptifte n'était-il pas Lully ?) On voit que ces rôles de femmes étaient abandonnés ici à la « canaille » non titrée ; on
en fentait le ridicule. Au refte, les forciers n'étaient guère
moins bouffons que leurs compagnes & c'était placer fa di-
gnité dans de bien fubtiles différences.

A l'appel de Chiron & des magiciens, Pélée apparaiffait
fubitement à l'angle droit de la grotte ; il était affis fur un
char traîné par des dragons, & fur un figne de Chiron, le
char, au milieu de la fumée, de la flamme & de la foudre,
emportait Pélée au travers de l'ouverture fupérieure de la
grotte.

Le centaure agiffait en fcène comme un acteur ordinaire,
avec fa croupe de quadrupède. Comment ce traveftiffement
était-il organifé ? Comment l'artifte fe tirait-il des mouvements
de fon train d'arrière ? Les deffins du volume de M. de la
Ferté, comme ceux de Torelli, repréfentent un centaure auffi
parfait que les meilleures fculptures de l'antiquité ; mais il

eſt préſumable qu'au théâtre les proportions de cet être fan-
taſtique n'étaient pas auſſi bien obſervées; car de nos jours,
dans les féeries, les repréſentations d'animaux fabuleux ſont
toujours manquées, ſurtout quand ces animaux s'aviſent de
ne pas reſter immobiles.

Si l'on en croit les envois de Benſerade, le rôle de Chiron
aurait dû être joué par M. de Heſſelin; voici les vers que le
poëte lui ſuppoſait déclamer:

> *Ne vous épouvantez pas;*
> *D'un homme je n'ai rien que le corps & la tête,*
> *N'eſt-on pas trop heureux quand il faut qu'on ſoit beſte,*
> *De l'eſtre ſeulement de la ceinture en bas?*

Ce M. de Heſſelin était fort à la mode à la cour & paſſait
alors pour un des plus vigoureux mangeurs du temps; Loret
rapporte, le 4 mars 1656, qu'il donna une fête dans ſon château d'Eſſone, & il déſigne l'amphitryon comme un

> *Goinfre du plus haut étage*
> *Rare & galant perſonnage.*

Loret ne mettant dans ſes épithètes aucune intention bleſ-
ſante, on voit que le mot « goinfre, » aſſez mal venu de nos
jours, n'était pas pris en mauvaiſe part ſous le règne de
Louis XIV.

Mais ſi le deſſin de Chiron eſt réuſſi, celui de Pélée ne
l'eſt guère; on dirait d'un prince bouffon, le *patito* de la mé-
chante fée des contes d'enfants. Pélée porte la gorgerette de
mouſſeline à collerette, le pourpoint marron foncé, une jupe
courte bleue poſée ſur une autre en mouſſeline, & décorée
comme le corſage avec des lambrequins brodés; il a un
maillot blanc ſur les jambes & les cuiſſes, de hauts brodequins à torſades montant juſqu'aux genoux; de larges manches bleues & blanches tombantes; un grand manteau rouge

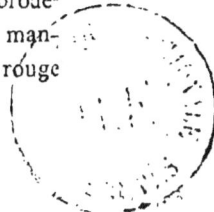

5

eft pofé fur fes épaules ; fes cheveux font bouclés ; & fa tête eft furmontée d'un gros turban bleu, blanc, or, avec aigrettes & plumes blanches & bleues. Quelque défagréable que fût à la longue le coftume romain, nous avouons le préférer à cette fantaifie de mauvais goût.

Une fois Pélée envolé par l'ouverture de la grotte, le décor change encore à vue ; les premières arcades de la caverne de Chiron fubfiftent feules, & la mer paifible apparaît. Le foleil fe lève. Thétis, environnée de fes nymphes, fort des rochers montée fur une conque & s'avance fur les flots ; la fignora Vittoria la repréfente, elle eft vêtue, comme les néréides, de bleu de France à écailles, mais la jupe eft longue, les plumes remplacent le corail de la coiffure, & la déeffe eft décolletée à l'excès ; le coftume eft brodé d'argent & de pierreries, qui devaient être fauffes, au contraire de celles du roi, des gentilshommes & des dames de la cour. Aux pieds de Thétis font deux pêcheurs de corail (Monfieur & le comte de Guiche) ; ils ont des habits noirs couverts de *rehts* d'or, de grains de corail, de perles & de coquilles ; ils font coiffés de plumes blanches & de corail ; leur teint eft bruni, & l'on doit favoir gré de cette tendance à la couleur ethnographique qui voulait montrer que les perles fe pêchent du côté de l'océan Indien. En avant de la conque, à la proue, eft placé un dieu marin (le duc de Saint-Aignan) en habit de fatin bleu, femé de diamants en guife de gouttes d'eau ; fa coiffure eft de coquilles d'argent & de branches de corail mêlées de plumes blanches & bleues ; des nageoires incarnates font placées au bas du pourpoint & en haut des brodequins. Ce coftume, auffi peu exact que celui d'Apollon porté par le roi, lui reffemblait pourtant par la coupe & la richeffe des ornements, fi ce n'eft par la couleur.

Les dieux, Thétis & fa fuite, fe mettent à jouer dans l'onde. Tout à coup furgit un autre char tiré par des chevaux marins, Neptune (repréfenté par le fignor Antonio d'Imola) apparaît avec quatre tritons & quatre firènes chan-

tant les plaifirs de l'amour; Neptune courtife Thétis qui le
rebute à caufe de fon âge; alors le dieu frappe la mer de
fon trident, les eaux fe gonflent, il difparaît, & Thétis
defcend fur le rivage où le dieu marin danfe d'abord feul,
puis avec douze pêcheurs de corail.

Quels étaient les coftumes depuis l'entrée de Neptune?
Celui-ci eft nu, avec des brodequins bleus & argent & une
très-courte jupe à lambrequins, placée uniquement pour les
convenances; il a fur le dos un grand manteau bleu, les cheveux blancs, la barbe de même couleur, & une couronne de
diamants & de perles,

Les tritons & les firènes, joués par les muficiens & les
pages de la chambre du roi, qui avaient déjà figuré dans les
tritons & les néréides, font parfaitement ridicules, habillés de
bleu, avec des ailerons rouges & une énorme queue de poif-
fon attachée au bas du dos & battant au vent comme une
girouette. Les firènes portent la longue jupe au lieu de la
culotte courte des tritons, mais elles ont auffi une grande
queue poftiche, & elles font décolletées comme Thétis; ces
rôles de firènes étant joués par des hommes, nous ne favons,
en vérité, à quoi penfaient les deffinateurs en les affublant de
corfages auffi microfcopiques.

Pendant les fcènes précédentes le foleil continuait fa courfe,
dorant le ciel de fes rayons; il traverfait le théâtre, puis Jupiter fe montrait à fon tour dans les airs, porté fur des
nuages lumineux, appuyé fur fon aigle. Le fignor Antonio
jouait le rôle de Jupiter. Il portait le coftume le plus claffique & le mieux réuffi de la foirée, coftume prefque irrépro-
chable, fauf fes manches bouillonnées; il avait le pourpoint
& la jupe antiques dorés, les brodequins à mafques, les
jambes nues, & une couronne très-fimple ornée de pierres
brillantes; un court manteau rouge flottait fur fes épaules.

Jupiter fe lève, parle & fe promène fur les nuages qui
l'ont apporté, & cherche auffi à féduire Thétis qui repouffe
les avances de fon puiffant féducteur; elle le dédaigne comme

elle a fait de Neptune. Alors Jupiter lance fur elle non la foudre, mais un nuage, qui, fe développant rapidement, defcend, enveloppe Thétis, la faifit & l'enlève. Junon, que fa jaloufie a tenue éveillée, apparaît à l'improvifte fur un char traîné par deux paons ; mais il eft trop tard, elle ne peut que reprocher à fon époux fa conduite légère ; les nuages fe referment & difparaiffent.

Junon appelle alors les Furies ; un monftre horrible lève fa tète gigantefque hors de l'eau & vomit les Furies appelées par la déesse. Louis XIV fortait, comme un fimple figurant, de la gueule de ce ferpent de mer & danfait une nouvelle entrée, danfe dont l'effet était augmenté par « une mefure toute particulière » ; le livret veut fans doute dire un rhythme particulier & non une mefure. Les Furies étaient repréfentées par le roi, le duc de Joyeufe, le marquis de Genlis, M. Bontemps, les fieurs de l'Orge, Verpré, Beauchamp, Mollier, Le Vacher, Des Airs, Dolivet, Baptifte ; Sa Majefté fe trouvait là, il nous femble, en bien roturière compagnie ! mais il faut dire que les fept ou huit derniers figurants étaient les meilleurs danfeurs des intermèdes, & l'on retrouve fouvent leurs noms dans les divertiffements des comédies de Molière.

« Leur habit était merveilleux.... Il était tout femé de » flammes en broderies d'or ; des ferpents vomiffaient des » plumes couleur de feu & noires, dont leurs coiffures étaient » chargées ; leurs mafques paraiffaient affreux ; elles portaient en » main deux ferpents, & dans l'autre des flambeaux allumés.»

En fomme ces coftumes font ceux que les Furies d'*Armide* porteront vingt années plus tard. Si l'on fuppofe quelques contorfions vifant à l'infernal, on obtiendra un effet d'un rococo achevé, & que l'on pourrait fuppofer n'avoir exifté qu'un fiècle plus tard ; il eft impoffible de fe figurer un Louis XIV férieux dans cette fituation & avec un pareil déguifement.

Quant à Junon, qui préfidait à ces ébats infernaux, elle était repréfentée par il fignor Girolamo, jeune homme de fi-

gure poupine, élégamment décolleté ; il eft coiffé de plumes
rouges & noires & fon coftume eft femblable, comme coupe,
à celui des Mufes, mais le fond en eft rouge, brodé de noir
& de pierres précieufes ; il a de longues manches pendantes.
Ce coftume conftitue une preuve de la différence qui exiftait
parfois, comme nous le dirons plus loin, entre le ftyle des
deffins compofés pour certains livres, pour certaines œuvres d'art, & celui employé pour les divertiffements de la
Cour.

Avec le Ballet des Furies & le pas du roi fe terminait le
premier acte qui avait ainfi trois tableaux & renfermait
quatre entrées : Apollon & les Mufes, — les forciers & les
forcières, — les pêcheurs de corail, — les Furies. L'acte fuivant, auquel nous allons paffer, en comprenait trois à fon
tour : les sauvages, — les dryades, — le tournoi.

La première décoration du deuxième acte repréfentait le
fommet du mont Caucafe ; dans le lointain, il y avait un petit palais rond dans le ftyle de la rotonde de Bramante ; à
droite & à gauche étaient des huttes de fauvages alternant
avec des bofquets ; fur le devant de la fcène Prométhée, dé-
pouillé de fes vêtements, & du coftume duquel on ne pouvait
par conféquent fe plaindre, gifait enchaîné.

Pélée, toujours fur fon char magique, venait confulter l'il-
luftre dévoré ; ils caufaient tous deux de leurs infortunes ré-
ciproques. Le héros avait placé fur fa tête un cafque, de la
forme dite falade (le cafque des ligueurs), avec crinière &
plumes formant gros bouquet. Quant aux fauvages, habitants
du Caucafe, les Circaffiens modernes riraient fans doute beaucoup fi on leur repréfentait leurs ancêtres vêtus comme le
Robinfon de Foë dans les éditions à ufage de l'enfance. Ces
fauvages danfèrent en faifant des tours de force avec les maf-
fues qu'ils avaient en mains ; « les arbres fautaient avec eux »
& faifaient les mêmes figures. C'était là une innovation ingénieufe & qui fut fort goûtée.

Le palais de Jupiter, qui fuccédait au Caucafe, ne rappelle

guère l'antiquité mythologique; l'habitation du roi des dieux
cherche à fe modeler fur celles des grands de la terre; les
matériaux feuls femblent différer. Ce palais fortait de la rotonde placée au fond du théâtre; elle s'approchait en fe développant, « des feuillages d'or & d'azur eſclataient fur toutes
» les parties, & le fond en étant ouvert par une excellente
» perfpective, la vue en paraiſſait extrêmement éloignée. » Le
devant de la fcène repréſentait une falle ouverte par le haut,
fermée à droite & à gauche par une colonnade corinthienne
dont les pilaſtres alternent avec des ſtatues. Tout eſt doré;
les faces, bagues, panneaux, frontons, piédeſtaux, ſont incruf-
tés de pierres précieuſes fur fond d'azur; la frife eſt couron-
née par de gros aigles d'or. La perfpective eſt ménagée ſi bien
« qu'elle femble une lieue de pays ». Vingt-trois châffis, onze
à droite, onze à gauche, un dans le fond, réaliſent l'effet dans
lequel fe complaît le deffinateur. Cette indication du nombre
des châffis, donnant onze plans latéraux & un douzième au
fond, eſt curieufe à noter.

Ce palais avait été préparé par Jupiter pour y célébrer, à
l'infu de Junon, fes amours avec Thétis; il vient avec Mercure (le fieur Girolamo). Ici il y a une grande différence dans
le Mercure de Torelli & celui du volume de M. de la Ferté.
Torelli repréfente le dieu comme l'a fait Jean de Bologne, nu,
mais d'un deffin très-élégant; reſterait à favoir ſi l'artiſte
chargé du rôle poffédait une plaſtique affez parfaite pour
réalifer un pareil modèle. Le fieur Girolamo, au contraire,
eſt repréfenté galamment habillé de vert brodé d'argent,
avec une courte jupe; il a un pourpoint à corfage carré,
avec une guimpe, rouge brodé d'argent; fes manches font
blanches & bouffantes; il porte à fa main le caducée & a
des ailes à fes hauts brodequins; fes cheveux font frifés &
coiffés d'un chapeau de cour à la Henri III avec deux ailes.
Il reffemble à un coureur du xviii<sup>e</sup> fiècle.

Il s'enlève obliquement pour accomplir les ordres de Jupiter; de retour, il lui apprend que l'époux de Thétis, d'après

la réponfe de l'oracle, aura un fils qui fera plus puiffant que fon père. Jupiter renonce alors à pofféder Thétis, & Mercure s'envole de nouveau pour aller publier ce fait par le monde.

Un ballet de Dryades appelées du fond des bois, terminait ce tableau, & le deffin ne donne pas une haute idée de ce que pouvait être ce divertiffement; le roi y figurait avec les mêmes danfeurs, fauf un ou deux, qui avaient exécuté le pas des Furies. D'après la gravure de Torelli, les danfeufes font au nombre de cinq; elles portent la jupe courte jufqu'au genou, brodée & déchiquetée; le corfage eft tel qu'on le portait à la Cour, avec une guimpe montante; la coiffure eft faite de feuillages & de plumes; on voit les jambes, & les pieds font chauffés de brodequins; la jupe ne ballonne pas & tombe maigre & piteufe. Malgré fa jeuneffe & fa preftance, Louis XIV devait faire affez piètre figure fous ce déguifement, & il fallait la courtifanerie pouffée à l'excès pour l'applaudir ainfi travefti.

Après le palais de Jupiter, avait lieu la Fête antique. Le luxe de la cour de Louis XIV s'était là donné carrière; on avait trouvé moyen d'y introduire un carroufel, qui indique comment on entendait alors les jeux de l'amphithéâtre.

Les deux partis du tournoi, après avoir défilé en cortége fplendide, firent des contre-marches au fon des tambours, des trompettes & des fifres; ils livrèrent des combats à la pique & à l'épée, à la barrière, deux à deux, puis quatre à quatre; & la lutte fe termina par une bataille générale où s'échangèrent de part & d'autre « des coups fuperbes. »

Les facrificateurs féparèrent les combattants & proclamèrent alors l'oracle qui annonçait que Pélée pouvait revenir auprès de Thétis; puis, après un chœur fans accompagnement, pour marquer la joie, les violons jouèrent une pyrrhique qui termina la fête. Le comte de Saint-Aignan avait rompu neuf fois de fuite les fix piques remifes aux lutteurs & bon nombre d'épées.

Le défilé était curieux à comparer avec ceux que l'on place fur les fcènes modernes ; les coftumes tenaient à la fois de la chevalerie, du temps de Henri III & de celui de Louis XIII, puis encore un peu d'autres époques, de toutes au refte, fauf de l'antiquité, — c'eft ainfi que la Cour de Louis XIV avait entendu une fête grecque & en avait métamorphofé le ftyle en faux moyen âge. Les tambours, fifres & trompettes portaient un uniforme taillé fur celui des gardes fuiffes ; ils étaient au moins acceptables, abftraction faite de la couleur locale, tandis que les chefs du tournoi reffemblaient à ces chevaliers myftérieux des lithographies faites au commencement de notre fiècle pour illuftrer les fcènes mélodramatiques, & dans lefquelles on voit des troubadours inconnus, venir, vifière baiffée, protéger la beauté & la vertu opprimées.

Un dernier mot à préfent fur le décor de la bataille antique ; c'eft un des exemples les plus frappants du parallélifme des décorations de cette époque. Il repréfente une place publique entourée de gradins ; l'architecture eft de pierre, les ornements font de bronze. Au-deffus des gradins font des loges alternant avec des pilaftres ; tout autour, dans le haut, règne une énorme baluftrade foutenue par des confoles du ftyle le plus chargé, & ce n'eft pas à cette architecture qu'on reprochera le manque de faillies. Au fond est une vafte arcade donnant entrée fur la place où eft la ftatue de Mars ; derrière encore, vient un portique à triple vouffure fuperpofée qui laiffe voir la perfpective en patte d'oie ordinaire & inévitable dans toutes ces décorations.

Tandis que les combattants deffinés dans le volume de M. de la Ferté font du plus haut goût romantique dans le plus mauvais fens du mot, les combattants indiqués fur les planches de Torelli font affez claffiques, ils font habillés « à » la romaine antique. » Les guerriers affiftant à la fête font vêtus de même & figurent, rangés fur les gradins, ayant chacun à fes côtés *une amie,* car Vénus a toujours adoré Mars, fous Louis XIV comme dans l'antiquité.

Avant d'arriver au dernier tableau, le drame fe tranfportait dans le palais de Thétis dont l'architecture était faite de marbre rouge, avec de doubles piliers corinthiens, décorée partout d'argent étalé à profufion, mis fous toutes les formes : bafes, chapiteaux, corniches, trophées & vafes. Chiron rencontre Pélée &, pour lui témoigner fa joie, il appelle fes académiftes, donne fes ordres, & le maître de fon académie & douze de fes difciples organifent une fête indienne. Ils font vêtus de pourpoints collants brodés d'or & d'argent en forme d'écailles, et de plumes de couleurs ; leurs vifages teints de biftre, & l'afpect du coftume rappellent ces négrillons du xviii⁰ fiècle que l'on plaçait comme porteurs de torchères dans les angles des appartements.

Les danfeurs avaient en main de petits tambours en forme de miroirs (des nacaires), & l'entrée était réglée comme fuit :... « richement vêtu (le chef) M. de Heffelin entra monté fur un » chameau environné d'efclaves noirs, de perroquets & de » finges. » Il danfa feul d'abord, puis il fit danfer les douze académiftes parmi lefquels figurait le roi. — Se repréfente-t-on Louis XIV, avec la figure couverte d'une peinture noire & danfant une forte de « bamboula » nègre !

Thétis, qui furvient peu après, oppofe un refus aux inftances de Pélée ; un truc curieux, pour la faire échapper à fes pourfuites, la métamorphofait en rocher ; fa tête feule fortait du bloc de pierre. Mais touchée des ferments de Pélée, elle confent à devenir fa femme & les derniers tableaux célèbrent le bonheur des époux.

Il eft à remarquer dans les deffins vus par nous, que plus le perfonnage devient important, plus fon coftume par la furcharge des ornements, s'éloigne de la vérité probable ; ici Pélée, dans toute fa fplendeur, eft vêtu comme le fut, plus d'un fiècle plus tard, le commandeur de D. Juan de Da Ponte, avec un panache énorme tombant jufqu'à mi-dos.

Un ballet inaugurait les fêtes du mariage, & les planches de Torelli donnent un fingulier renfeignement. On voit Hercule

5.

au milieu des nymphes fur le devant de la fcène ; il danfe
avec elles ; ce qui indiquerait que les tragédiens du temps,
dans le théâtre italien, déclamaient, mimaient & danfaient
tout enfemble. Les nymphes font revêtues d'un coftume antique très-bien deffiné. Comment l'artifte, qui avait difpofé ces
plis fi élégamment, n'avait-il pas donné de meilleurs confeils
pour les habits des dryades & ceux de tant d'autres perfonnages du drame fingulièrement vêtus ?

Il y eut encore un divertiffement qui enthoufiafma le public ; on vit une farabande danfée par huit fillettes de dix à
douze ans ; elles s'accompagnaient de tambours de basque et
de caftagnettes ; un eunuque les conduifait (le fieur Ribera),
— c'étaient les petites Mollier, Taloit, Ribera, du Clou,
Menard, Berthelot, de Verlu, Bouart ; elles portaient un
coftume jaune & noir, une guimpe blanche & de hautes
coiffures à plumes ; ces jeunes danfeufes s'acquittèrent fi bien
de leur rôle, que l'enthoufiafme des affiftants ne pouvait fe
contenir ; chacun, felon Loret, devint amoureux de ces petits
prodiges, & un peu plus, on eût enlevé les danfeufes au lieu
de les renvoyer à l'école.

Le dernier tableau qui devait réunir les amants, montrer
la magnanimité de Jupiter, la bonté de Junon, faire briller la
gloire du roi repréfentant la Guerre au milieu d'une auréole
lumineufe, avait mis en réferve les plus riches effets. Tous
les perfonnages font réunis : Hercule a amené Prométhée
délivré ; ce dernier, preffé fans doute de s'habiller, a pris le
premier coftume qui lui eft tombé fous la main, & a endoffé
le coftume d'un Perfan moderne, auquel il a ajouté un large
manteau rouge (il faut paffer cette fantaifie à un homme qui
avait grelotté tant d'années fur le fommet du Caucafe) ; Chiron eft là avec fa croupe ; Thétis a repris fa première forme.
Six nues defcendent alors en fe développant du cintre jufqu'à
la fcène, chacune porte trois nymphes groupées & vêtues de
riches habits. Le fond du palais de Thétis fe voile de nuages,
& lorfqu'ils s'écartent, deux perfpectives fe font fuperpofées

à la place de la colonnade du palais précédent. En haut eſt un palais d'or, avec l'orchestre des « intelligences céleſtes ; » en bas, on aperçoit une grotte lumineuſe où ſe tiennent les nymphes ; toutes attendent Junon & l'Hyménée, qui deſcendront du palais d'or, en marchant de nuages en nuages. Il y a déjà, en ce moment, environ ſoixante perſonnes ſur la ſcène. Eſt-ce tout ? Non ; les ſplendeurs doivent s'augmenter encore. La débauche de coſtumes, de couleurs & de lumière ſera complète.

Dans le ciel, en partant de la gauche, ſont les arts ſerviles :

La Guerre (le roi) avec un coſtume « couvert de petits » carrés de pierreries qui marquaient un corps de cuiraſſe à » l'antique & une cotte d'armes ; ſon caſque avait pour crête » un affreux dragon qui vomiſſait des plumes bleues, iſabelle » & blanches. »

L'Agriculture (duc de Saint-Aignan), tenant une bêche à la main, en coſtume brodé d'épis d'or & de pierreries.

La Force (le duc de Damville), repréſentée par Hercule, vêtu d'un habit rouge & noir, d'une peau de lion en tiſſu d'or imitant le poil de la bête féroce.

La Chaſſe (ſieur de Lorges), avec un habit vert & argent & un dard à la main.

La Tapiſſerie (ſieur de Verpré), habillée de point de Hongrie or & ſoie. — L'Orfévrerie (ſieur Le Vacher), couverte de chaînes d'or & de bijoux. — La Navigation (ſieur Dolivet), vêtue de ſatin de Chine doré, coiffée d'un vaiſſeau, avec ſes mâts & ſon corps en or, ſes cordages en argent (coiffure qui était en avance d'un ſiècle). — La Chirurgie (ſieur Beauchamps), habillée couleur de feu, & portant à ſa ceinture les inſtruments les plus affreux ſervant aux opérations.

Vis-à-vis, ſur la droite, ſe tenaient, vêtues de riches coſtumes de cour de couleurs variées, & de coupe ſemblable à celui de Thétis, les dames repréſentant les arts libéraux :

Mᵐᵉ de Brancas, la Géométrie. — Mˡˡᵉ de Mancini, la Mufique. — M<sup>lle</sup> de Mortemart, la Dialectique. — M<sup>lle</sup> d'Estrée, l'Astrologie. — M<sup>lle</sup> de la Rivière-Bonnœil, la Grammaire. — M<sup>lle</sup> du Fouilloux, la Rhétorique. — M<sup>lle</sup> de La Loupe, l'Arithmétique.

Les coftumes des femmes font un peu lourds, mais n'ont rien d'extraordinaire ; en revanche ceux des hommes, nous le répétons, font bien finguliers ; c'eft le renverfement de nos idées ; de nos jours, tous les rôles des ballets font joués par des femmes ; ce fyftème n'eft pas très-moral, & le coftume mafculin, ainfi porté, a des indifcrétions avec lesquelles la vertu n'a rien à débattre, mais croit-on que l'ufage de mettre des hommes en femmes à la cour de Louis XIV fût beaucoup plus moral ? nous en doutons fortement pour notre part, en confidérant ces deffins coloriés qui femblent reproduire exactement les coftumes du temps, & dans lefquels ces jeunes gens déguifés affectent les pofes, les manières, les formes mêmes, le décolletage, la chevelure des femmes ; les tendances efféminées font fi fingulières que, par exemple, le roi, fur le corfage de fon armure de la Guerre, poffède deux rondelles pour envelopper les feins comme Minerve ou les Amazones ; il eût été fi facile de lui faire repréfenter un Guerrier au lieu de la Guerre !

Les dieux de l'Olympe ont auffi un coftume de pure fantaifie. Le fieur Le Vert, en Vénus, porte une longue jupe verte, un corfage & un bas de faye rofe & or ; il eft décolleté, avec une guimpe, & fes cheveux font bouclés à la Sévigné. — Le fieur de Cambefort eft en Pallas, avec cuiraffe & panache. — Les fieurs Lallemand & Coulon, pages, en Circé & Diane. — Le fieur Le Lorrain en Cybèle, vêtue difgracieusement de vert & de jaune, & coiffée d'une citadelle. — Saturne (le fieur Hédouin) mérite qu'on le cite pour finir : il a tranfmis fon coftume au cortége du bœuf gras qui l'a confervé jufqu'à nos jours : maillot imitant le nu, jaquette blanche, & faux traditionnelle en main.

Afin de clore la foirée par une forte d'apothéofe, le fond du

théâtre s'ouvre au-deſſus des arts libéraux & ſerviles, &
Junon deſcend ſur un nuage, « rien que de beau ne paraiſſait
» en elle. » A ſes pieds le duc de Joyeuſe repréſentant l'Hyménée, ſous la forme d'un page couronné de fleurs, ſemble un
petit Bacchus Pompadour; la machine vient rejoindre le
plancher de la ſcène pendant le temps que, dans les hauts, ſe
forme un palais extraordinaire : « Il était tout fait de pièces
» de criſtal, dont les unes demeurées dans leur naturelle blan-
» cheur, & aidées de l'artifice des lumières attachées par le
» dehors exprimaient le beau feu des diamants, pendant que
» les autres, avec des feuilles rouges, bleues, vertes & vio-
» lettes, marquaient autant de rubis, de turquoiſes, d'émeraudes
» & d'améthyſtes. » Huit Amours danſaient devant ce palais ;
c'étaient Monſieur, le comte de Guiche, le marquis de Villeroy, le petit comte de Saint-Aignan, le petit Raſſent, page
de la chambre du roi, les jeunes Laleu, Brouart & Aubry. Ils
avaient le corps nu, une jupe iſabelle brodée d'or & d'argent,
une écharpe, un carquois & des ailes.

Après Junon, les mécaniques qui ſoutenaient les autres perſonnages s'abaiſſèrent à leur tour imperceptiblement ; d'autres
nuages ſortirent de partout, ſoutenant dans les airs Mars,
Saturne, Vénus, Bacchus, Pallas, Diane, Cérès, Cybèle ; Pluton
ſurgit de terre & Neptune de l'onde, l'un ſur un char de feu,
l'autre ſur une conque marine ; & tous les dieux chantèrent,
avec l'accompagnement des violons du roi, un air pour réjouir
Thétis & Pélée.

Enfin Junon, l'Hyménée, les arts libéraux & les arts ſerviles,
danſèrent la dixième & dernière entrée, à la ſuite de laquelle
les danſeuſes « ſe démaſquèrent. « Doit-on conclure de ces
derniers mots que les viſages étaient tous façonnés pour la
circonſtance ? Non, mais un certain nombre d'acteurs portaient des maſques pour danſer, c'eſt un fait certain à cette
époque ; il eſt probable que dans le Ballet de Thétis & Pélée,
les hommes qui repréſentaient des rôles de femmes étaient
maſqués, & cela expliquerait la gentilleſſe exceptionnelle &

l'air de famille, dont l'auteur des dessins de M. de la Ferté a affublé la physionomie des Néréides, Dryades & Furies.

Le spectacle des *Noces de Thétis* durait quatre heures; les costumes étaient au nombre de deux cent trente-trois, et

*. . . . . . jamais monseigneur Protée,*
*Dont la fable est partout chantée,*
*Ne fit voir en peu de moments*
*Tant de merveilleux changements.*

Le succès fut si vif à la Cour que les représentations se continuèrent rapidement : « Dix fois n'ont pas été suffisantes » de satisfaire la curiosité du nombre infini de ceux qui se » pressaient pour en être les témoins, ce qui obligea Sa » Majesté de le redanser encore, pour ne pas faire dans un » si grand nombre d'heureux un petit nombre de misérables, » & pour donner à ceux qui y accouraient des provinces » éloignées, le contentement que ceux de la Cour & de Paris « ont déjà goûté. » Le roi, en 1654, dansa jusqu'à trois fois le ballet à succès :

*Notre monarque prend la peine*
*De danser trois fois par semaine,*
*Son ballet, qu'on nomme, en vingt lieux,*
*Le* Charmant paradis des yeux.....

25 avril, Loret.

La grâce du roi, la gentillesse de son frère étaient surtout admirées. Louis XIV avait alors seize ans, mais il paraissait en avoir vingt; c'était l'époque où il refusait de danser avec la princesse d'Angleterre qui n'avait que treize ans, en disant qu'il n'aimait pas les petites filles; il se plaisait mieux avec M^lle^ de Mancini, alors âgée de dix-huit ans. M^me^ de Motteville s'extasie sur la belle tournure du roi : ...« Depuis » la paix & son glorieux retour à Paris, il était augmenté en

» toutes chofes : fa belle taille & fa bonne mine le faifaien‍t
» admirer, & il portait dans fes yeux & dans l'air de toute
» fa perfonne le caractère de fa majefté... »

Une auffi belle tournure ne pouvait manquer de féduire les
cœurs, & il femble que ce fut à l'époque du *Ballet de
Thétis & Pélée* que fe décidèrent les goûts voluptueux du
roi. Car lors du *Ballet de la Nuit*, les vers de Benferade
indiquent, tout en engageant les beautés de la Cour à aimer
le roi, qu'il ne favait pas encore ce que c'était que l'amour.
Louis XIV jouait un ardent ou feu-follet, & voici les envois
que Benferade lui adreffait :

> *Objets charmants & doux*
> *Beautés toutes parfaites,*
> *Pour lui vous êtes faites*
> *Comme il eſt fait pour vous :*
> *Mais courez pour lui plaire*
> *Vite comme le vent,*
> *On ne l'attrappe guère*
> *Il va toujours devant.*

Puis encore :

> *Mais certain petit Dieu que force monde adore,*
> *Et que tout reconnaît,*
> *La curioſité ne l'a pas prise encore,*
> *De savoir ce que c'eſt.*

Donc, le *Ballet de la Nuit* conſtatant, en 1651, la réserve du
roi. — Les *Noces de Thétis* font de 1654, — &, en 1655, un
an après, dans le *Ballet des plaiſirs*, repréfenté le 4 février,
Benferade changeait de langage & accufait une révolution
complète dans la conduite du roi ; il lui difait :

> *Mais d'en uſer comme cela,*
> *Et de courir par-ci par-là.*

> *Sans vous arrêter à quelqu'une,*
> *Que tout vous foit bon, tout égal,*
> *La blonde autant comme la brune,*
> *Ah! Sire, c'eft un fort grand mal.*

Il nous femble que Benferade employait là le langage des
mères qui grondent leurs enfants tout en les trouvant ado-
rables, & que, fous l'apparence d'un reproche, il adreffait
plutôt un compliment à Louis XIV, & l'engageait malignement à perfévérer dans une voie fur laquelle il n'avait nul
befoin d'être pouffé.

# CHAPITRE VII

*Luxe des divertissements jusqu'au mariage du roi.*
XERCÈS *(1660).*
*La* TOISON D'OR *(1660-1661).*
*Les* SAISONS *à Fontainebleau (1661).*
ERCOLE AMANTE *dans la salle des Machines aux Tuileries*
*(1662).*

IL ne faut que médiocrement s'étonner de la profusion des bijoux & des pierres précieuses que nous avons indiquée à propos des divertissements de la Cour. Tout en faisant une part à l'exagération, il faut se souvenir qu'il en était ainsi sous les Valois, & même, dans des temps moins prodigues. On trouve, par exemple, en 1606, à Fontainebleau, le fameux habit de toile d'or violette que portait de Bassompierre & qui produisit tant d'effet ; il était brodé de 5o livres de perles, & la broderie seule valait 14,000 écus. — En 1614, la reine Marie de Médicis assiste à l'ouverture des États généraux, portant une chaîne tombant jusqu'à la ceinture, & un double cordon de jupe, tous deux en perles fines grosses comme des noisettes, & en 1626, le duc de Buckingham égrène les perles de son manteau & les sème à la cour de France, où il trouve des gentilshommes pour les ramasser sous ses pieds.

Le luxe était pouffé à l'excès dans les fêtes données par
Mazarin; depuis 1643 qu'il avait acheté l'hôtel Tubœuf, &
que le palais Cardinal était devenu le Palais-Royal, il s'était
plu peu à peu à embellir fa nouvelle demeure & à y offrir de
fplendides réceptions. La *Muse hiflorique* de Loret en parle
plufieurs fois.

En 1655, par exemple, dans ce palais inachevé mais déjà
fplendide, le cardinal invita la famille royale & le duc de
Mantoue à un repas avec concert. Les nièces de Mazarin faifaient le plus bel ornement de la fête.

Les symphonies fe faifaient entendre de loin en loin, ré-
jouiffant merveilleufement les auditeurs.

Il y avait, outre la mufique royale prêtée pour cette occafion, des artiftes célèbres, tels que La Vareyne, « qui chante
» comme une firène » (la rime était inévitable), & la fignora
Anne, dont le talent faifait alors fureur. On voit au refte que
Rofe, fecrétaire de Son Éminence, bourra fingulièrement Loret
de toutes les excellentes chofes qu'il put trouver; il le choya
comme on doit le faire de tout critique à la mode, & lui ferma
fi bien la bouche avec des fucreries, que Loret ne put dire
autre chofe que des louanges.

En 1658, le 7 avril, Mazarin donna encore une fête plus
extraordinaire dont l'ordonnance conflituait pour les affiflants
une réelle mife en fcène & un fpectacle amufant.

Bien qu'il habitât au Louvre, il avait préparé dans les appartements de fon palais une loterie de plus de 500,000 écus
de pierreries, bijoux, chinoiferies & objets galants, rangés
fur des tables & des dreffoirs magnifiques. Leurs majeftés,
Monfieur, la reine d'Angleterre, fa fille, Mlle de Montpenfier,
affiftaient à la foirée; le gros lot était un diamant de 4,000 écus.

Le goût de la repréfentation était tellement inné dans toutes
les circonftances de la vie de cette époque, que l'on expofait
comme fur un théâtre les mariées, foit après les noces, foit
après leurs couches, & voici par exemple la defcription du
lit qui ne fervit qu'une feule fois à Marie de Mancini, à

Rome, lors des relevailles de fes premières couches : « C'était
» une efpèce de coquille qui femblait flotter au milieu d'une
» mer, fi bien repréfentée, qu'on eût dit qu'il n'y avait rien
» de plus véritable & dont les ondes fervoient comme de fou-
» baffement. Elle eftoit foutenue par la croupe de quatre
» chevaux marins montés par autant de firènes, les uns & les
» autres fi bien taillés & d'une manière fi propre & fi bril-
» lante de l'or, qu'il n'y avait pas d'yeux qui n'y fuffent
» trompés... Dix ou douze Cupidons eftoient les amoureufes
» agraffes qui fouftenaient les rideaux d'un brocard d'or très-
» riche... » Cet ufage d'un lit de théâtre, ufage tranfmis au
refte par les fiècles paffés, fe perpétua longtemps ; Saint-
Simon en parle dans fes Mémoires lors de fon mariage
avec Mlle de Lorge l'aînée. Peu à peu le lit devint moins
pompeux & finit par fe métamorphofer en chaife longue, fous
Louis XV,

Mais ces détails fur la vie privée des grands nous ont détourné
des ballets du règne de Louis XIV ; ils étaient fi nombreux,
qu'on peut difficilement les compter, & leur feule énumération
ferait d'une grande monotonie. On trouve une fréquente uni-
formité dans les matériaux mis en œuvre pour la longue férie
de ces ballets repréfentés depuis 1654 jusqu'aux grandes fêtes
de Verfailles. On répétait les mêmes entrées, on choififait
les mêmes fujets dans l'antiquité : les romans célèbres, la
philofophie, la nature ; c'étaient des allégories & des flatteries
perpétuelles, entremêlées parfois de mafcarades bouffes. L'argent dépenfé faifait paffer la pauvreté des inventions.

Un événement fit cependant diverfion en 1655 & 1656 aux
danfes de la Cour : ce fut l'arrivée en France de la reine
Chriftine ; elle devint un élément curieux au milieu des plaifirs, des guerres & des querelles des Janféniftes. Le ballet
d'*Alcidiane* en 1658 (ce ballet à propos duquel, raconte-t-on,
Lully ne craignit pas de faire attendre le roi), dans lequel
les courtifans étaient cependant habillés d'étoffes d'or, ne fut
guère remarquable que par la préfence de cette même Chrif-

tine ; c'était le 24 février 1658, &, pour la première fois,
elle reparaiffait à la Cour depuis le meurtre de Monaldefchi ;
elle quitta la France peu de jours après pour fe retirer à
Rome. On comprend que fa vue dut caufer une certaine fen-
fation.

On fit un tel abus des ballets, que les noms commencèrent
à manquer, & l'on répétait les titres comme les inventions
elles-mêmes.

Les envois étaient toujours de Benferade. « Faire les vers
» d'un ballet du roi, était une fortune que les poëtes devaient
» autant briguer que les peintres font du tableau du Mai qu'on
» préfentait à Notre-Dame. » Benferade fut un des rares poëtes
auquel fa mufe rapporta quelque profit durable ; fes flatteries
& fes plaifanteries douces plaifaient à chacun, & Senecé put
mettre plus tard fur fa tombe :

> *Ce bel efprit eut trois talents divers,*
> *Qui trouveront l'avenir peu crédule.*
> *De plaifanter les grands il ne fit point fcrupule*
> *Sans qu'ils le priffent de travers.*
> *Il fut vieux & galant fans être ridicule,*
> *Et s'enrichit à compofer des vers.*

Boileau fut pour Benferade plus févère que Senecé ; il écrivit,
à peu près à l'époque qui nous occupe, quelques vers dont la
hardieffe paraît fingulière & dont le dernier trait eût prêté
malignement à l'allufion, s'il eût été décoché quelques années
plus tard, après le *Carroufel* de 1662 : Boileau fe plaint de

> *..... cet amas d'ouvrages mercenaires,*
> *Stances, odes, fonnets, épîtres liminaires,*
> *Où toujours le héros paffe pour fans pareil,*
> *Et, fût-il louche & borgne, eft réputé* Soleil.

Pour en finir avec les ballets de la minorité du roi, avec

ce genre de repréfentations qu'on pourrait qualifier de : ballets du vieux ftyle, par rapport à ceux qui fuivront, nous montrerons quel était alors l'idéal fingulier d'un parfait amateur de la Cour.

Le 11 février 1657, pendant que le roi danfe pour la quatrième fois le ballet de l'*Amour malade,* l'abbé de Marolles, qui l'a déjà vu trois fois & trouve que c'eft affez, refte enfermé dans fon appartement & paffe fon temps à écrire le deffein d'un ballet : *Le Temps,* — fujet qu'il confidère comme nouveau, qu'il développe à outrance, qu'il pourlèche avec amour, en l'entourant de méchaniques, en l'ornant d'entrées & des coftumes les plus ingénieux.

Le Temps, fuivi du Jour & de la Nuit, ouvrait la férie de trente entrées fucceffives que nous ne pouvons tranfcrire ; il amène avec lui les vieilles monarchies difparues, & doit être repréfenté par un vieillard robufte & vigoureux, à longue barbe, avec une robe de coùleur changeante, « car il eft fort changeant », — des ailes au dos & aux pieds, « car il va fort vite », — un globe célefte fur la tête, des cifeaux à la ceinture— & des trames de laines de couleurs différentes fur un dévidoir devant lui ; « il en fait des pelotons » qu'il jette dans fa robe après les avoir coupés avec fes cifeaux.

Le Jour fera repréfenté fous la figure d'un adolefcent de douze ans, habillé de fatin blanc, avec un mafque d'or, une couronne de rayons, une fraife de fleurs diverfes, un arc & des flèches d'or & une ceinture d'or qui le lie au char du Temps.

La Nuit, pour faire contrafte, eft une fille de douze ans, coftumée en « Morifque, avec une robe noire traînante, une couronne d'étoiles, un collier & une ceinture d'argent, un arc & une flèche du même métal. »

Le ballet, en trois actes, paffait en revue les fiècles, les peuples, les aftres, les faifons, les philofophies & la Nature entière.

Il n'y avait rien d'original dans ces imaginations ; on y

trouve toutefois un élément nouveau ; l'abbé de Marolles ad-
met, pour repréfenter un grand nombre de perfonnages, la
préfence des femmes dans ce ballet du *Temps,* qui eût réalifé
pour fon auteur un type accompli. Nous laifferons là ces excentricités puériles ; un fait théâtral important allait d'ailleurs
fe préfenter. Nous voulons parler de la *Paflorale comique*
jouée au château d'Iffy en 1659. Cette repréfentation, qui eut
une grande influence fur le développement de l'opéra, dut fon
fuccès à la fobriété même de fa mife en fcène ; après tant de
machines, de fplendeurs, il femble que les yeux fe repofèrent
à regarder le fimple cabinet de verdure que repréfentait le
théâtre, & dans lequel fe paffait une action répondant à la
naïveté du décor.

Peu de temps après, l'année fuivante, en 1660, la paix avec
l'Efpagne & le mariage du roi allaient auffi modifier, jufqu'à
un certain point, le genre des divertiffements ; la préfence
d'une jeune reine, au milieu d'une Cour élégante, le fentiment
de bien-être réfultant d'une paix longtemps attendue, vinrent
donner aux plaifirs un entrain nouveau & créer dans les fpectacles de la Cour une époque fpéciale, qui, tout en confervant
quelques traces des éléments dramatiques & des ballets de la
minorité du roi, a cependant un caractère propre qui fubfif-
tera jufqu'aux premières fêtes auxquelles collaboreront Molière & Lully.

Lorfque les jeunes époux furent arrivés à Paris, ils affif-
tèrent à quelques repréfentations dont la plus importante fut
celle du *Xercès* de Cavalli ; elle devait avoir lieu dans la
falle des Machines, aux Tuileries, mais cette falle n'ayant
pas été terminée assez vite, force fut à la Cour de fe rabattre
fur celle du Petit-Bourbon.

L'intrigue du nouvel opéra roulait fur les amours de
Xercès & de Romilde, fille du roi d'Abydos ; Xercès aime
Romilde qui ne l'aime pas & en aime un autre ; & à côté de

Romilde fe trouve Amaftris, fille du roi de Sufie, qui aime Xercès & que Xercès n'aime pas à fon tour. Selon la mode de toutes ces pièces, les événements s'accompliffent dans un monde ariftocratique, plein de têtes couronnées ; il fallut l'arrivée de Molière pour faire accepter les types de la bourgeoifie dans la haute comédie. Amaftris pourfuit Xercès qui n'en peut mais ; celui-ci fe débat dans l'intrigue comme un niais de mélodrame, tantôt pourfuivi par une lettre, tantôt pourfuivant cette lettre, succeffivement attribuée à tous les perfonnages. Cependant tout finit bien : Romilde époufe fon amant, & Xercès époufe Amaftris.

La mife en fcène de cette pièce n'avait rien de particulièrement nouveau. Cependant nous devons parler de la fingulière coupe de compofition qui, pour fe conformer à l'ufage de la Cour, & féparer chaque acte par des danfes, intercala, dans *Xercès*, fix intermèdes bizarres étrangement mêlés aux perfonnages, à l'intrigue & aux coftumes. Ces fix intermèdes furent : 1o Les Bafques ; — 2o les Payfans danfants à l'espagnole, ce qui était de circonftance ; — 3o Scaramouche avec des Trivelins & des Polichinelles ; — 4o un patron de vaiffeau, avec des efclaves portant des finges, & des matelots jouant de la trompette marine ; — 5o des Mataffins, cette danfe militaire fi fort à la mode en France depuis le xvie fiècle ; — 6o enfin, Bacchus, fylvains, bacchantes & fatyres, jouant de toutes fortes d'inftruments & danfants. Ce fixième intermède fermait la foirée.

Parmi les différentes fêtes données en France à propos du mariage du roi, on remarqua les repréfentations de la *Toifon d'or* de Corneille, jouée d'abord, en 1660, en Normandie, chez le marquis de Sourdéac, au château du Neubourg, puis l'année fuivante, en 1661, fur le théâtre du Petit-Bourbon, par les comédiens du Marais. Ce fut le fecond exemple (*Andromède* était le premier) d'une féerie bien écrite & dont la poéfie pouvait être écoutée fans regarder les décors. De grands préparatifs avaient été faits pour cette pièce, dont le

prologue fit allufion au mariage du roi (le Lys) avec l'infante
(la Toifon d'or) :

> *Les comédiens du Mareſt*
> *Font un inconcevable apreſt,*
> *Pour jouer, comme une merveille,*
> *Le Jaſon de monſieur Corneille.*

(Loret, 19 février 1661.)

Une partie du prologue était à la louange du cardinal Mazarin, & les vers qui le célèbrent existent dans la première
édition du *Deſſein de la Toiſon d'or ;* Corneille les fup-
prima par la fuite ; il n'était pas né flatteur, & fes rapports
avec les deux cardinaux qui gouvernèrent la France au
XVIIᵉ fiècle font finguliers. Des difcuſſions à propos du *Cid,*
il refta toujours un vieux levain normand contre le premier
cardinal ; bien que felon les paroles qu'on lui prête, Richelieu
lui eût fait « trop de bien pour en dire du mal, & trop de
mal pour en dire du bien, » Corneille prit un terme moyen ;
il garda le filence & fe vengea, on pourrait dire négative-
ment, en ne plaçant pas une feule fois, même à propos du
fiége de La Rochelle, le nom de Richelieu dans les vers
écrits à la gloire de Louis XIII fur la demande de
Louis XIV.

Quant à Mazarin, il ne fut guère mieux partagé ; Corneille
avait parlé de lui comme nous le difons, dans le prologue de
la *Toiſon d'or ;* il l'avait même traité de « fameux cardinal, »
il difait par la voix de la Paix parlant à la France :

> . . . . . . . . . . . . .
> *Voy cette âme intrépide, à qui tu dois l'honneur*
> *D'avoir eu la victoire en tous lieux pour compagne,*
>   *Avec le grand démon d'Espagne*
> *De l'un & l'autre État concerter le bonheur.*

Mais ces vers furent fupprimés par l'auteur, qui prouva, au

refle, dans ce même prologue de la *Toifon d'or*, combien il était peu courtifan. Au rebours de Benferade qui, dans le ballet de la *Nuit*, avait exhorté Louis XIV à aller jufqu'à Conftantinople détruire l'iflamifme, Corneille ofa repréfenter la France fatiguée de la Guerre & difant à la Victoire :

*A vaincre tant de fois mes forces s'affoibliffent,*
*L'État eft floriffant, mais les peuples gémiffent,*
*Leurs membres décharnés courbent fous leurs hauts faits,*
*Et la gloire du trône accable les fujets.*

Le roi fe fouvint peut-être à contre-cœur de ces vers, & il fallut ceux que Corneille lui adreffa en remercîment, à propos de *Sertorius*, pour qu'il oubliât cette leçon.

Quoi qu'il en foit, le fuccès d'*Andromède* avait engagé Corneille à perfifter dans le genre des pièces à machines, & l'infiftance qu'il apporte à indiquer les effets dans quelques circonftances du drame prouve qu'il attachait une affez grande importance aux furprifes ménagées par lui pour les yeux.

Le prologue montrait, au-deffus d'une ville en ruines, effondrée par les machines de guerre, le ciel s'ouvrant, & Mars, un pied en l'air, l'autre pofé fur fon étoile, defcendait & remontait en parlant. Les décors des premier & deuxième actes repréfentaient des jardins ; Iris, fur fon arc-en-ciel, Junon & Pallas fur des chars, parcouraient l'efpace, & Corneille a grand foin de dire que les chars fe croifaient. A la fin du deuxième acte, le jardin difparaiffait fous les flots roulés par la rivière du Phafe (effet de fcène qui nous paraît avoir employé, pour fe produire, les machines d'Andromède ; feulement, au lieu de la mer, ici c'était une rivière). Le palais d'Aœtès fuccédait au torrent ; palais tout doré, tout fculpté, orné de ftatues & de bas-reliefs, dans lequel la perfpective trop régulière tourne à l'abus ; cette répétition, toujours poffible à l'infini, d'un même motif de décoration, rappelle défagréablement l'effet des glaces placées en face les unes des autres

6

chez les reftaurateurs de nos boulevards. A partir du troifième
acte, les furprifes mécaniques fe fuccédaient prefque fans in
terruption. Médée faifait changer le palais d'Aœtès en un
amas de monftres ; puis vient un défert, au-deffus duquel
apparaît, dans les airs, le palais de Vénus, tout conftruit en
gaze d'or. L'Amour en fort ; il vole, non latéralement d'une
couliffe à l'autre, mais perpendiculairement, vers les fpectateurs, « ce qui n'a point encore été pratiqué en France de
» cette manière », ajoute Corneille.

Au cinquième acte fe trouvait une fcène, qui, nous croyons,
n'a jamais été imitée. Médée, affife fur le dragon gardien de
la Toifon d'or, eft à mi-hauteur de la fcène. Zéthès & Calaïs,
avec des ailes au dos, fufpendus en l'air, attaquent le monftre
conduit par Médée ; les artiftes déclamaient alors, tout en fe
mouvant avec leurs « méchaniques. » Au-deffous d'eux, Orphée, chantant, exhorte Zéthès & Calaïs au combat. Pour
finir, la forêt où a lieu la lutte s'ouvre : le palais du Soleil
en fort ; le palais roule vers le public, puis s'élève au-devant
du palais de Jupiter qui apparaît dans le haut. Il y avait donc
là un triple afpect du décor : en bas, la forêt fombre ; au-
deffus, le palais du Soleil fcintillant ; plus haut encore, le
palais de Jupiter rutilant, fulgurant.

La *Toifon d'or* fut la merveille de la cité ; on la reprit
plus de vingt ans plus tard, à Rouen, en 1683, &, malgré
le temps écoulé, l'effet de fes curieufes machines fut auffi
grand que dans l'origine.

Mazarin mourait peu de jours après la première repréfentation de la *Toifon d'or*, le 9 mars. La Cour alla cette année
s'établir à Fontainebleau, & l'on ne penfa guères au miniftre
défunt. Dans l'entourage du roi & de la reine, il y avait plufieurs jeunes ménages ; l'amour devint l'unique préoccupation
de tous les courtifans délivrés des complications politiques de
la Fronde, & les intrigues allèrent fi bien leur train, que
fauf la reine-mère & la jeune reine, peut-être tous étaient
engagés dans quelque roman de cœur. Partout on s'amufait,

fur la terre, fur l'eau, dans les appartements, dans les bois
ce n'était que chaffes, repas & feux d'artifice.

L'abbé de Choisy parle avec enthoufiafme des quelques mois
que paffa la Cour à Fontainebleau.

M^me de Motteville raconte à fon tour que les fêtes prirent
une allure momentanément myftérieufe & quafi champêtre, qui
n'excluait cependant pas le luxe. La nature y devint un raf-
finement. Par fuite de l'inclination « qui portoit un prince de
» vingt-deux ans à fe divertir (le roi), & une princeffe de
» feize à dix-fept ans à fuivre fon exemple (Madame), les
» plaifirs de jour, les repas ou les promenades jufqu'à deux
» ou trois heures après minuit dans les bois, commencèrent
» de s'introduire & de fe pratiquer d'une manière qui avait
» un air plus que galant, & où la volupté paraiffoit devoir
» bientôt corrompre une vertu qui avait été admirée. »

Ce fut le moment où fe nouèrent les intrigues du roi avec
M^lle de la Vallière, & celles de Madame d'Angleterre avec le
comte de Guiche. M^me de La Fayette, qui en parle, nous
a laiffé un curieux détail fur la mife en fcène du *Ballet des
Saifons*, repréfenté au milieu de tous ces galants myftères :
« L'on répétoit, dit-elle, alors à Fontainebleau, un ballet que
» le roi & Madame danfèrent, & fut le plus agréable qui ait
» jamais été, foit par le lieu où il fe danfoit, qui était le bord
» de l'étang, ou pour l'invention qu'on avoit trouvée de faire
» venir du bout d'une allée le théâtre tout entier, chargé
» d'une infinité de perfonnes qui s'approchoient infenfi-
» blement, & qui faifoient une entrée en danfant fur le
» théâtre. » Il y avait là une idée nouvelle dans la façon dont
la lourde machine roulait, pouffée en avant fans qu'on aperçût
les refforts qui la faifaient mouvoir.

On fe fervit auffi du grand canal pour y donner des fêtes
en bateau. Dès l'année 1642, Corneille, dans le *Menteur*,
nous avait appris que ce genre de divertiffement était à la
mode. Dorante parle de cinq bateaux commandés fur fon

ordre, dont les quatre premiers étaient pleins de violons, luths
& voix, flûtes & enfin hautbois ;

> *Le cinquième était grand, tapissé tout exprès,*
> *De rameaux enlacés, pour conserver le frais,*
> *Dont chaque extrémité portoit un doux mélange*
> *De bouquets de jasmin, de grenade & d'orange.*
> *. . . . . . , . . . En ce lieu de délices,*
> *On servit douze plats.....*

Car la nourriture n'était jamais oubliée, & l'on mangeait
beaucoup sous le règne du grand roi.

La fête de Vaux, dont les descriptions sont trop connues,
fournit, à la même époque, un splendide modèle de ces divertissements où la campagne, déguisée richement, devenait le
prétexte de mille adroites surprises. Pour la représentation des
*Fâcheux*, par exemple, petite pièce dans la grande plus grave
qui se jouait chez Fouquet, le théâtre était dressé dans le jardin, & le décor était orné de fontaines véritables & de vrais
orangers ; une grande conque découvrant une naïade, s'ouvrait au milieu des jets d'eau ; puis autour d'elle, sortant du
tronc des arbres & des piédestaux des statues, surgissaient
des dryades, des faunes & des satyres.

Ce fut enfin pendant l'hiver qui suivit le séjour à Fontainebleau & l'accouchement de la reine, que fut joué l'*Ercole
amante* de Cavalli, avec des entrées de ballets ajoutées par
Lully ; la salle des Machines, aux Tuileries, se trouvait enfin
prête, & cet opéra, réellement complet, trop complet même,
car il contient une exubérante abondance de décors, changements & mécaniques, l'inaugura royalement. Le roi avait
soigné à tel point l'éclat de cette représentation qu'il avait
écrit au duc de Toscane pour lui réclamer des chanteurs qui
se trouvaient en vacances à Florence ; au reste, à cette époque,
Louis XIV se préoccupait tellement de théâtre qu'il demanda
aussi au duc de Parme de lui procurer un bon Arlequin.

*Ercole amante* fut joué le 7 février 1662. Un prologue important avait été, comme les ballets, ajouté à l'œuvre primitive; le roi & la reine y figurèrent; ce fut, nous croyons, la seule fois que Leurs Majeftés parurent enfemble fur un théâtre; le roi continua à y danfer feul, & fes maîtreffes ou les dames réputées telles prirent à l'avenir la place de la jeune reine.

Camille Lilius, auteur du prologue, avait rattaché la famille royale de France aux grandes familles envoyées par Nerva & Trajan, hors de Grèce & d'Afie, régner fur les Barbares de l'Occident foumis aux Romains; le commentateur avait réduit à un certain nombre de fouches les familles royales & impériales d'Europe provenant de la même fource, & ce furent ces familles entourant celle de France, & formant avec elle un total de quinze, qui furent perfonnifiées dans le prologue. Le théâtre repréfentait des rochers abrupts à droite & à gauche, laiffant voir entre eux la mer jufqu'à l'infini; Diane apparaiffait en l'air fur une machine en forme de lune qui groffiffait peu en peu, s'ouvrait, & laiffait apercevoir les quinze familles royales qui, fur l'invitation de Diane, defcendaient offrir leurs hommages aux nouveaux époux avec l'Amour & l'Hymen. La mer fe retirait pour laiffer fe pofer fur la fcène la machine de Diane; alors la déeffe ordonnait à Hercule (le roi fymbolifé) d'apparaître & de procéder à fes travaux, lui promettant qu'il épouferait la Beauté (fymbolifant la reine); le prologue retardait à peu près de deux années; mais la faute en avait été aux architectes, & il fut le bienvenu malgré fon manque d'à-propos. Après l'apparition d'Hercule & le difcours de Diane, la mécanique remontait au ciel pendant que quatorze fleuves français, couchés à terre, chantaient un chœur (ajouté) pour célébrer la naiffance du Dauphin. Dans ce tableau, le roi perfonnifiait la maifon de France, — & les familles royales étaient repréfentées par Mademoifelle, les comteffes de Soiffons, d'Armagnac & de Guiche, les ducheffes de Luynes, de Sully & de Créquy, Mlles d'Alençon, de Valois, de Nemours, d'Aumale, de Mortemart, Des Autels.

Le premier acte fe paffait dans un grand payfage, où l'on apercevait dans le lointain le palais royal de d'Eocalie; Hercule aime la jeune Yole, & Vénus defcend dans une machine traînée par des colombes pour protéger leurs amours. Junon, au contraire, dans fon char éternellement attelé de fes deux paons, les écoute d'un nuage, & veut traverfer leurs projets.

Dans le fecond acte (palais du roi), Déjanire, envoyée par Junon, fe préfente déguifée en petit payfan; puis elle fe rend dans la grotte du Sommeil où s'eft réfugié Hercule; Junon lui fait voir Déjanire & l'enlève au ciel pour préparer fa vengeance; le Sommeil, lui auffi, descendait auprès d'Hercule, & remontait dans les nuages après l'avoir endormi.

Le troifième acte nous paraît plus animé que les deux premiers; le décor repréfentait un jardin fuperbe où Hercule doit fe rencontrer avec Yole & voir auffi Vénus qui les protége; cette dernière fait apparaître un lit de fleurs magiques dont l'influence fait confentir Yole à aimer Hercule. Mais à ce moment, Junon furvient, & l'acte fe termine au milieu des querelles de Vénus, de Junon, d'Hercule & de fon fils Illus, que Junon a amené, & qui aime Yole & en eft aimé. Illus fe voit enfermé par fon père dans une tour, au milieu de la mer.

Le quatrième acte fe paffe fur les eaux. La tour d'Illus eft au milieu de la fcène, ifolée du rivage. Un page en fort dans une légère barque pour porter à Yole une lettre de fon amant; mais la mer fe foulève, engloutit la barque, & à cette vue, Illus, au défefpoir, fe précipite dans les ondes. Junon, toujours aux écoutes, apparaît dans les nuages, le fauve & remonte au ciel en ordonnant aux Zéphyrs de porter Illus au rivage.

Un changement à vue faifait furgir devant les yeux des fpectateurs des tombeaux entourés de cyprès; Yole & Déjanire, dédaignée par Hercule, fe rencontraient dans ce lieu funèbre pour offrir un facrifice. Yole évoquait l'ombre de fon père, Eutyre, tué par Hercule; l'ombre diffuadait fa fille d'époufer le héros, & Yole & Déjanire confentaient enfin à ce que Lycas, perſonnage entrevu dans les actes précédents, donnât à Hercule la tunique de Neſſus pour le guérir de ſa paſſion.

Le cinquième acte comprenait deux tableaux ; un enfer ſplendide (celuiqui, ſuivant la tradition, aurait ſervi plus tard pour *Psyché*) ; les victimes qu'Hercule avait fait deſcendre aux Enfers, ſe réjouiſſaient du mal qui allait lui arriver ; Pluton, qui avait été contraint de lui livrer Alceſte, eſt auſſi charmé de ſe voir vengé. — Puis l'Enfer cédait la place au temple de Junon. Hercule ſe préſente pour épouſer Yole ; il revêt la tunique & entre en fureur ; il veut ſe tuer, quand Jupiter, ſurvenant dans une gloire, l'enlève au ciel & lui fait épouſer la Beauté. Illus & Yole, reſtés ſur terre, ſe marient ſaus oppoſition des dieux.

Pour avancer plus rapidement dans l'analyſe de ce drame aſſez embrouillé, nous avons à deſſein omis de parler des intermèdes. Voici quels ils étaient :

Après le premier acte, lorſque Junon remontait au ciel au milieu des éclairs, il y avait un ballet de foudres & de tempêtes. — Après le deuxième acte venait un ballet des ſonges, ceux qui avaient aidé à endormir Hercule. — L'intermède qui ſuivait le troiſième acte était aſſez bien trouvé ; les fleurs du jardin, les ſtatues s'animaient & danſaient une grande entrée. — La fin du quatrième acte amenait le ballet le mieux réuſſi, qui frappa beaucoup le public. C'était, après l'apparition d'Eutyre, dans le décor des tombeaux. Il y eut une entrée effrayante de fantômes ſous la forme de demoi-ſelles, vieilles & laides ; l'envoi qui accompagne le divertiſſe-ment eſt peu galant & allait bien dans une Cour où la jeu-neſſe & la beauté brillaient partout aux premiers rangs. « Mettez-moi, dit le poëte :

> *Mettez-moy d'un côté quatre ſpectres d'Enfer,*
> *De l'autre nombre égal d'antiques demoiſelles,*
> *De celles que l'on croit faites par Lucifer*

*Pour la damnation des Jeunes & des Belles,*
*Joignez bien ce troupeau dont je vous fais le plan,*
*Je le donne au plus fin qui foit dans le royaume,*
*De pouvoir defméler dans l'efpace d'un an,*
*Quelle eft la demoifelle & quel eft le fantofme?*

Après cet intermède il y avait au cinquième acte, dans l'Enfer, le ballet des Démons, avec douze Furies conduites par Pluton & Proferpine. Le roi danfait Pluton.

Puis après le drame, les entrées fe fuccédaient plus nombreufes. La huitième entrée (car les intermèdes précédents en formaient fept) étaient danfées par les Sphères, les Influences & les Étoiles. — La neuvième, par Mars (le roi) & les grands capitaines de tous les temps. — La dixième était un ballet bouffe intitulé *la Lune & les Pèlerins*, où fans doute il devait y avoir des effets d'ombres portées.

Venaient encore les entrées de Mercure & les Charlatans, — de Vénus & des Plaifirs, — de Saturne & de fes enchantements, — de la Nuit avec les douze Heures fombres, les Étoiles & l'Aurore, — du Soleil & des douze Heures de jour, avec le roi en *foleil*, & nous foulignons le mot, parce que c'eft la première fois que Louis XIV eft défigné fous ce nom de Soleil; jufqu'ici, dans le même emploi éclatant, il s'était appelé Apollon.

La dix-huitième & dernière entrée, les Étoiles, était danfée par toutes les dames de la Cour, & formait ballet final.

Il devait y avoir dans toute cette mife en fcène bien des effets que la Cour avait déjà vus, mais tout était neuf & brillant, & fit autant de plaifir que fi tout était inédit dans les preftiges des décors, de la lumière & des machines.

L'ampleur d'*Hercule* comme opéra eft remarquable pour le temps, & les rôles qu'y jouait le roi accufent les curieufes tendances d'oftentation de cette Cour toute de cérémonial, d'étiquette & d'emphafe exceffifs.

Le triomphe de la foirée était pour la machine de l'Har-

monie du ciel enlevant Hercule avec la Beauté ; il y avait
plus de cent perfonnes foulevées là d'un feul coup, & au
preftige de la mécanique fe joignait celui de la flatterie en-
veloppée fous une forme galante. M^{lle} de La Vallière était la
fecrète héroïne de toutes les fêtes, & les allufions lancées à
la force du roi, à la beauté de la reine, laiffaient bien d'autres chofes encore fous-entendues, & permettaient aux efprits
d'attribuer une part de tous ces compliments à des perfonnes
moins officielles, mais en réalité auffi puiffantes que les têtes
les plus fouveraines.

La mufique des intermèdes fe reffentit elle-même des allures
pompeufes de cette foirée exceptionnelle & ce fut, nous croyons,
dans *Hercule amoureux* que furent pour la première fois
employées avec fuite les timbales dans l'orcheftre.

*Hercule amoureux*, tout en appartenant comme forme à
l'opéra de l'avenir, avait encore affez des anciens ballets par
fes intermèdes pour être confidéré comme leur digne couronnement ; il acheva la métamorphofe du genre. La période
de 1663 à 1668 vint, avec l'*Impromptu de Verfailles*, donner
aux fêtes une phyfionomie un peu plus littéraire ; malgré la
peine qu'il avait à fe plier à des babioles de cour, Molière fe
mit de la partie, car le roi le voulait.

On vit encore cependant furgir quelques ballets de l'ancien
ftyle, car une forme théâtrale a toujours la vie dure.

L'année 1663 fut fignalée à la Cour par les débuts de
M^{lle} de Sévigné, qui avait alors quinze à feize ans, & fit
fureur par fa beauté malheureufement trop régulière & d'une
froideur de glace. Ce fut en janvier 1663 qu'elle parut pour
la première fois dans le *Ballet des Arts*, où le roi danfait un
berger & elle une fuivante de Minerve (Madame). Elle était
habillée en amazone. Benferade lui décocha affez indifcrète-
ment un envoi fort lefte, dans lequel, rappelant la coutume
prêtée aux amazones de fe brûler un fein pour tirer plus
aifément de l'arc, il s'étonne des rondeurs égales que laiffait
apercevoir M^{lle} de Sévigné.

6.

Dans ce *Ballet des Arts*, Benferade femblait prévoir pour M<sup>lle</sup> de Sévigné une protection royale qui ne fe produifit point; il était au refte d'une rare adreffe dans fes allufions, & celle faite à propos des amours de M<sup>lle</sup> de La Vallière, dans l'envoi qu'il lui adreffe à elle-même, en eft la preuve. M<sup>lle</sup> de La Vallière jouait une bergère; le poëte lui dit :

> *Je ne penfe pas que dans tout le village*
> *Il fe rencontre un cœur mieux placé que le tien.*

En 1664, au mois de février, les *Amours déguifés*, ballet dont Loret donne une trop longue defcription, vit encore briller la beauté de M<sup>lle</sup> de Sévigné, à la réputation de laquelle l'efprit de fa mère ajoutait encore de l'éclat. Loret, après Benferade, lui décoche auffi un compliment, auffi direct mais plus convenable dans la forme :

> *Si quelqu'un venoit me dire,*
> *Et fût-ce le roi notre fire,*
> *As-tu rien vu de plus mignon?*
> *Je lui dirois hardiment — non.*

Ce : « fût-ce le roi notre fire » femble indiquer que Louis XIV parut un moment amoureux de la belle danfeufe, qui jouait dans les *Amours déguifés* le rôle d'une nymphe maritime.

Ce ballet précéda de peu les grands divertiffements de Molière; car, le 7 mai de la même année, commencèrent les *Fêtes de l'Ile enchantée*, fêtes fingulières, en ce fens que, cette fois, aucune dame de la Cour ne figura dans les repréfentations; les feigneurs feuls y furent acteurs, & les dames demeurèrent fimples fpectatrices : c'était galanterie pure.

# CHAPITRE VIII

*Mise en scène des fêtes dites de Versailles*
*(1662 à 1668).*

La PRINCESSE D'ÉLIDE *(1664).*
GEORGES DANDIN & *les* FÊTES DE BACCHUS *(1668).*

LES années qui suivirent le mariage du roi virent encore s'opérer une modification nouvelle & importante dans les divertissements de la Cour; la fiction seule ne fut plus suffisante; il fallut un mélange de réalité & de fiction dans lequel les grands de la Cour pussent conserver une partie de leur personnalité, tout en y ajoutant un éclat de convention; & comme la Cour ne pouvait passer sa vie sur les planches d'un théâtre, la vie de chaque jour devint théâtrale; la simplicité fut l'exception. Les cortéges, fètes, carroufels se succédèrent sans relâche; le goût se corrompit, car une seule personnalité domina tout, celle du roi; tout devint à la Louis XIV, & lorsque l'Académie royale de musique ouvrit ses portes, le travail de métamorphose était accompli; Persée, Atys, Thésée, se murent dans un monde de fantaisie, fabriqué sous la pression de la puissance du roi, de ses succès militaires, de ses flatteurs & de ses amours, & furent entourés d'une mise en scène créée par la flatterie de Lully, Quinaut & Beauchamp, & dont les imaginations laissèrent de longues & regrettables traces au théâtre.

Ce défaut de ftyle amena du refte, à fon tour, près d'un
fiècle après, une réaction exagérée en fens inverfe ; on en
vint à la pauvreté fcénique vers la fin du xviiiᵉ fiècle par
haine de la richeffe exceffive du théâtre du xviiᵉ ; mais la
faute en avait été à l'exubérance du règne de Louis XIV.

Examinons donc quelques-unes des fêtes qui eurent lieu
de 1662 à 1668 ; elles nous montreront comment, à cette
époque, l'inftinct théâtral guidait en tout les nobles ordonna-
teurs & les nobles figurants de ces divertiffements.

Le *Carroufel* de 1662, où le luxe le plus effréné fut développé, donne une idée exacte de la manière dont le roi entendait le coftume romain. Louis XIV commandait, déguifé
en empereur, à un cortége dans lequel on avait trouvé bon
de placer jufqu'à des timbaliers parmi les muficiens romains.
Le roi portait le fceptre ; il avait le cafque à panache énorme, égalant en hauteur le torfe du cavalier, la grande perruque bouclée, le plaftron avec cercles, bracelets & lanières
couverts de bijoux & de pierres précieufes, la jupe courte à
lambrequins, décorée auffi richement, & découvrant les
jambes jufqu'aux genoux, les brodequins de pourpre avec
mafques ornés.

Le tout était damafquiné, brodé, couvert à profufion de
glands, de plumes, de dentelles & de guipures. Le cheval
était caparaçonné à l'avenant, & fi le roi était plus brillant
que les figurants de fon quadrille, il ne l'emportait pas
de beaucoup fur le luxe déployé par eux. Les plumes fur-
chargeaient toutes les têtes ; au refte, cette abondance de panaches, quelque irrégulière qu'elle fût, trouvait fa juftification
dans les figures des Carroufels ; ces panaches s'agitaient, brillaient de diverfes couleurs, & rachetaient par leur éclat leur
manque de vérité.

De ce Carroufel il eft refté, furnageant au-dessus des fplendeurs, la devife fameufe de Louis XIV : *Nec pluribus impar —*
entourant un foleil. Cette devife eft caractériftique du cérémonial ; l'idée qu'elle renferme pouvait s'exprimer fimplement,

mais on préféra l'envelopper d'une forme tortillée & préten-
tieufe comme le coftume que portait le roi.

En 1664, lors des *Divertiffements de l'Ile enchantée*, on
avait difpofé une lice, une forte de cirque champêtre avec un
théâtre par derrière. La décoration repréfentait un demi-
cercle de verdure, avec entrées monumentales ; des luftres
étaient appendus de tous côtés ; au fond, au travers d'une
large arcade, on apercevait une perfpective gazonnée qu'un
rideau fermait au befoin. Vigarani, le décorateur, avait été
chargé de la confection des machines ; le duc de Saint-Aignan,
pour lequel la repréfentation des *Noces de Thétis & Pélée*
avait été l'occafion d'un fi beau triomphe, avait organifé les
défilés. La nature de Verfailles fourniffait là une partie des
éléments décoratifs. Dans la lice, on plaçait des tables ; on cou-
rait la bague, on faifait défiler des foldats, &c, fans que l'organifation générale fût fenfiblement modifiée. Les gravures faites
à l'occafion de toutes ces fêtes indiquent d'une manière intéres-
sante la mife en fcène & les coftumes.

Les chevaliers de l'Ariofte défilèrent le premier jour. M. le
duc de Saint-Aignan avait un habit de toile d'or & d'argent, des
plumes noires & incarnates, des rubans de mêmes couleurs. Les
autres chevaliers portaient la cuiraffe avec petites écailles d'or
& le cafque furmonté d'un dragon. Des trompettes & des timbaliers habillés de fatin couleur de feu, précédaient les groupes
des chevaliers. Le roi, qui naturellement repréfentait Roger,
puifque par la vertu de l'anneau de la fée Méliffe il devait domi-
ner l'enchantement qui allait retenir fes compagnons, était vêtu
« à la grecque, avec une cuiraffe de lames d'argent ; » fes
étoffes étaient richement brodées, fon cafque était couronné de
plumes couleur de feu.

Chaque perfonnage avait eu, de Benferade, un envoi en vers ;
le marquis de Soyecourt, qui avait la réputation d'un amoureux
à robufte encolure, en a un d'une allure affez graveleufe.

Au milieu des chevaliers marchait le char du Soleil. C'était
un retour aux fêtes du xvie fiècle, aux repréfentations en

plein air. Une collation fut fervie pour clore la journée.

La mife en fcène de ce repas eſt curieufe. La falle était
placée au fond, dans le demi-cercle champêtre : « fur la ver-
» deur des paliſſades brilloient nombre infini de chandeliers
» peints verts & argent, portant chacun vingt-quatre bougies,
» & deux cents flambeaux de cire blanche tenus par des
» mafques... »; des luſtres pendaient aux arcades; en avant
de la table, fur une ligne droite, fe tenaient trente-deux porteurs de plats en livrée, rangés alternativement, un grand &
un petit; le grand porteur foutenait un plat fur fa tête, le
petit porteur un de chaque main; de forte que le coup d'œil,
fingulier, offrait une férie de petites pyramides inégales de
plateaux couverts de victuailles. Les Saifons fervaient le menu;
elles étaient placées fur un bofquet mouvant en forme de gros
arbre de corail; autour d'elles fe trouvaient rangés un élé-
phant, un chameau, un ours, un cheval. Un orcheſtre, avec
trente-fix violons, faisait, pendant le repas, entendre des fymphonies ; il était divifé en trois groupes habillés à peu près
comme les chevaliers; à gauche, les baſſes de violes, les guitares, les luths; — à droite, les violes & violons; — au fond,
les flûtes, hautbois & trompettes.

La *Princeſſe d'Élide* eut, le foir de la deuxième journée,
l'honneur d'un décor fpécial; il était difpofé dans un cirque
recouvert de toiles & placé dans le parc, un peu plus du côté
où fe trouvait le lac d'Alcine; il confiſtait en un parterre
encadré de charmilles & de bosquets; c'était la Grèce antique
habillée comme Verfailles, & les perfonnages, d'après les
deſſins d'Is. Sylveſtre, n'étaient guère d'apparence plus véri-
dique. La princeſſe eſt extrêmement décolletée, avec un corfage à manches demi-longues; la coïffure eſt empanachée tout
autour; une aigrette brille au centre; la robe eſt à double
jupe; la deuxième eſt traînante, ouverte & foutenue par un
page. Les hommes portent la falade à plumes, la perruque
bouclée, le plaſtron, la jupe courte & pliſſée comme une fuf-
tanelle, le fabre recourbé. Les pages font ceux de la Cour de

1664. Pour éclairer tous ces mafques, cinq luftres à bougies font fufpendus au haut de la fcène, fur le devant du théâtre, & dix éclairent la falle à droite & à gauche.

Les intermèdes de la *Princeffe d'Élide* contenaient encore des animaux; après la fcène de Moron & de l'ours (deuxième intermède), dans laquelle Moron s'efforce d'attendrir l'animal, avait lieu un ballet d'ours. — Pour terminer le fpectacle, à la fin du fixième intermède, après le ballet des *Bergers & des Bergères*, « il fortit de deffous le théâtre la machine d'un » grand arbre chargé de feize faunes, dont huit jouèrent de » la flûte, & les autres du violon... Trente concerts répon- » daient de l'orcheftre, avec six clavecins ou théorbes. »

Il y eut encore trace des vieilles entrées, lorfque le lende- main (troifième jour), dans le ballet du *Palais d'Alcine*, on vit défiler des monftres, on vit nager des animaux aquatiques, jetant l'eau, tirant le cou, battant des ailes. Dans ce ballet, on trouve employé, nous croyons pour la première fois, les *clowns* bondiffant aux ordres des magiciens; Alcine appelait deux *démons agiles* qui « exécutaient fauts & pirouettes », étrange ufage dramatique qui s'eft perpétué jufqu'à nos jours.

Lors des fêtes de 1666, le *Ballet des Mufes* fut la repré- fentation principale. La Cour s'était paffionnée pour les Maures, les Égyptiens & les Bohémiens; mêmes chofes, ou peu s'en faut, étaient défignées fous ces noms; tout était à la maurefque, & fouvent de longs divertiffements s'organifaient dans le feul but d'offrir au roi un ballet de Maures. C'eft ainfi que fut deffiné le *Ballet des Mufes*, fuite de fcènes fans ordre, paffant en revue les peuples du monde, unique- ment pour juftifier la venue des Maures à la fin de la foirée.

Les fêtes de Verfailles, dans l'année 1668, reffemblèrent beaucoup à leurs devancières; mais, courtes & très-brillantes, elles eurent un caractère particulier : celui réfultant de l'em- ploi, comme reffource décorative, des eaux que le roi venait de faire venir jufqu'à Verfailles.

Louis XIV avait été retenu par la guerre loin des fêtes du

Carnaval, qui avait été dès lors très-mauffade ; il fallait réparer ce dommage caufé aux plaifirs ordinaires ; la paix était
faite, & l'on fongea à réunir en une feule journée la collation, la comédie, le fouper, le bal & le feu d'artifice. Pour
donner une phyfionomie nouvelle on chercha, comme nous
l'avons dit, des effets nouveaux dans les eaux du parc. Le
duc de Créquy fut chargé d'organifer la comédie ; le maréchal
de Bellefond, la collation & le fouper ; Colbert fut chargé
des bâtiments & du feu d'artifice, Vigarani difpofa les machines du théâtre, & l'architecte Levau conftruifit la falle du
bal. La Cour entière figura dans cette groffe repréfentation,
& comme à tout danfeur il faut un public quel qu'il foit, à
partir de fix heures du foir, Louis XIV fit ouvrir les portes.

La collation, prélude néceffaire pour donner des forces aux
invités, fut fervie dans le labyrinthe, au carrefour des cinq
allées qui en formaient le centre. Les pieds & les doffiers des
tables, foutenues par des bacchantes, étaient garnis de fleurs ;
de petites peloufes avec fleurettes rejoignaient les tables à
une fontaine placée au milieu de la falle ; dans l'herbe étaient
plantés des orangers portant des fruits confits ; un jet d'eau
haut de trente pieds s'élançait en l'air. Autour de la falle, au
lieu de fiéges ordinaires, étaient fimulées des couches de me-
lons. Les cinq allées qui aboutiffaient au cabinet de verdure
étaient chacune ornées de vingt-fix arcades de cyprès ; chacune avait un arbre chargé de fruits, planté dans une caiffe
en porcelaine : dans la première avenue, c'étaient des orangers ; dans la deuxième, des cerifiers & des bigarreautiers ;
dans la troifième, des pêchers & des abricotiers ; dans la
quatrième, des grofeilliers ; dans la cinquième, des poiriers ;
les arcades étaient terminées par des niches de verdure, dans
lesquelles Pan, deux fatyres & deux faunes femblaient témoigner leur plaifir de fe voir, « vifités par un fi grand monarque & une fi belle Cour. »

Autour de la fontaine centrale, vis-à-vis des avenues à arcades, fe trouvaient cinq tables : — la première repréfentait

une montagne fe creufant en vallon du côté des invités, toute
faite de mouffes, falades & verdure, avec des truffes & des
champignons, & fur laquelle, en guife de villages, étaient
difféminées fix entrées de pâtés & de viandes froides. — La
deuxième portait une architecture en pâte, tout entière de
gâteaux & de tourtes. — La troifième confiftait en une gigantefque pyramide de maffepains, compotes & confitures
fèches. — La quatrième repréfentait un rocher efcarpé, imitant les criftaux de roche en formation ; les boiffons, vins,
firops, étaient renfermées dans des verreries brillantes. — La
cinquième offrait à la vue un tas énorme de caramels, femblable « à ces rognons d'ambre marine que les flots rejettent
» fur les côtes » ; plus loin étaient rangées les crèmes.

Dans ce palais de la Gourmandife, on ne voyait pas de
ferviteurs ; des mains attentives paffaient feules au travers des
feuillages & offraient aux invités ce qu'ils pouvaient défirer.

Il y eut, après cette collation, un détail que nous trouvons
répugnant & qui cependant égaya beaucoup la Cour. Le roi
donna l'ordre d'abandonner à la foule qui avait envahi le
parc ce qui reftait fur les tables. Tout fut pillé au milieu des
gourmades & des cris ; les courtifans s'amufaient de cette
vivacité « canine » digne en effet de brutes ; « la deftruction
» d'un arrangement fi beau (ainfi s'exprime la relation) fervit
» encore d'un divertiffement, par l'empreffement & la confu-
» fion de ceux qui démoliffoient ces châteaux de maffepains
» & ces montagnes de confitures. »

Après la collation, la comédie. Le théâtre cette fois n'était
pas en plein air ; il avait été conftruit du côté oppofé au
Labyrinthe, près de l'allée du roi ; la falle avait treize toifes
fur neuf, & les tapifferies du garde meuble royal avaient
fervi à décorer l'intérieur. « Du haut du plafond pendoient
trente-deux chandeliers de cryftal, portant chacun dix bougies
de cire blanche. » On était revenu à la forme rectangulaire, &
on avait conftruit au fond de la falle un amphithéâtre pou-
vant contenir douze cents perfonnes.

Le décor repréfentait un jardin. Il y avait en avant deux paliffades foutenues par des fatyres ayant fur la tète et aux pieds des corbeilles de fleurs ; plus loin, était une terraffe, d'où partait un long canal fe prolongeant à l'infini & dans lequel des mafques jetaient de l'eau ; douze jets d'eau fermaient la vue. C'était là un fingulier cadre pour repréfenter *Georges Dandin ;* il eft vrai que cette comédie était alors modifiée & étroitement mêlée au *Triomphe de Bacchus et de l'Amour.* Voici ce que dit un témoin oculaire : « Deux » colonnes torfes éclatantes d'or & d'azur, entre lefquelles on » avait pofé des ftatues de marbre blanc, foutenaient de » chaque côté un très-riche plafond extrêmement exhauffé » pour faciliter le jeu des machines... La troupe de Molière » y joua une comédie nouvelle, agréablement mêlée de ré- » cits & d'entrées de ballet, où Bacchus & l'Amour, s'étan » quelque temps difputé l'avantage, s'accordaient enfin pour » célébrer unanimement la fête. »

De même qu'il avait été fait, près de trente années auparavant, lors de la repréfentation de *Mirame,* après qu'on eut terminé le ballet, M. de Bellefond parut fur le théâtre avec des ferviteurs portant trente-fix corbeilles de fruits, que les gentilshommes préfents diftribuèrent aux dames.

Du compte rendu du temps, il femble qu'on puiffe conclure que la profe de Molière ne produifit pas autant d'effet que la poéfie de Benferade, qui exprimait fi tendrement les paffions, « qu'il n'y a jamais rien eu de plus touchant. » — Tandis que la profe de Molière eft qualifiée fimplement de « langage très-propre pour l'action qu'on repréfente. »

Entre *Georges Dandin* & le ballet, il y avait eu un changement de décor ; les jets d'eau, fubitement arrêtés, avaient cédé la place à de groffes roches entremêlées d'arbustes, à des collines de verdure, fur lefquelles des joueurs d'inftruments, coquettement habillés, étaient pofés comme des fleurs dans des touffes d'arbuftes. Les coftumes des fatyres & des firènes étaient à peu près exacts ; mais les figurants ou fui-

vants fe conformaient à l'anachronifme qui exiftait partout;
les dames ont la robe longue, les hommes la jupe courte ;
tous portent panache extravagant.

La machine de Bacchus, dont l'apparition terminait la repréfentation, fe compofait d'un grand rocher couvert d'arbres, fur lequel était Bacchus avec quarante fatyres ; ceux-ci
danfaient avec quarante bacchantes ; thyrfes d'un côté, tambours de l'autre, felon la coutume. Cent chanteurs accompagnaient & faifaient la cadence finale.

Le fouper vint enfuite, préparé dans un nouveau local à
extérieur champêtre & qui recélait dans fes flancs toutes les
furprifes du luxe. C'était un vafte falon rond avec feize fenêtres, & huit portiques de quarante pieds de hauteur. L'abbé
de Montigny, dans fon *Récit des Fêtes du 18 juillet,* donne
la lifte des dames qui mangèrent à la table du roi, & indique
la place qu'occupa chacune d'elles ; on peut parfois fuppofer
que l'ordonnance indiquée donna lieu à de fingulières intrigues, à des trames foigneufement ourdies de la part de certaines invitées pour arriver à figurer en bon lieu. « Tout
» autour, d'efpace en efpace, trois baffins en forme de co-
» quilles, élevés l'un fur l'autre, où l'eau formait divers caf-
» cades, tempéraient doucement le feu » des girandoles & des
luftres. Sur les dreffoirs, était expofée l'argenterie du roi :
baffins, caffolettes, girandoles, vaiffeaux, vaiffelle, criftaux
montés, torchères, cuvettes dont l'une pefait jufqu'à mille
marcs. La lumière, dont l'organifation importe à toute fête,
était très-abondante ; des torchères dans tous les angles, aux
coins de toutes les portes, & cent petits candélabres fur les
tables, s'alliaient à foixante grands luftres fufpendus en l'air
& reliés entre eux par des écharpes de gaze d'argent.

Trois cents dames affifes foupèrent aux tables préparées.

Au milieu de la falle, s'élevait comme un furtout gigantefque, « le rocher du Parnaffe, fur les pointes duquel les
» Mufes, en relief d'argent, paraiffaient méditer les louanges
» de leur héros, que Pégafe, aux ailes étendues, femblait prêt

» à porter par toute la terre. » Des canaux revêtus de porcelaine recevaient les cafcades qui tombaient du Parnaffe, & circulaient en gouttes d'argent, au travers des conferves & des confitures. Pour aller avec une pareille mife en fcène, il y eut cinq fervices de cinquante-six plats chacun.

Le luxe ainfi pouffé à l'excès, les furprifes amenées coup fur coup, durent faire moins apprécier le bal, dont la falle, cachée dans la verdure, apparut tout à coup devant les promeneurs par la chute des branches qui la cachaient.

La fête fe termina par un feu d'artifice dans lequel les fufées, fe conformant auffi à la flatterie univerfelle, deffinèrent dans les airs le chiffre du roi. La grande allée qui conduifait au château était décorée, la nuit, d'une façon originale ; elle était bordée de géants lumineux & immobiles. Éclairés intérieurement, ces monftres, placés auffi aux fenêtres du château, caufèrent à la foule une horreur agréable.

Nous avons infifté fur ces fêtes de Verfailles, parce qu'elles contenaient une tendance réellement fcénique, & qu'elles préfentaient quelques renfeignements utiles pour le théâtre fous le point de vue des machines, des mouvements, des difpofitions architecturales, des décors, des attributs & furtout des lumières ; ces dernières étaient prodiguées parce qu'il s'agiffait des deniers du roi, mais il ne faut pas s'imaginer qu'il en était ainfi dans les théâtres publics ; l'Opéra lui-même ne put, lors de fa fondation, lutter avec un pareil luxe d'éclairage.

Ces fêtes fourniffent encore une indication curieufe ; les coftumes qui y figuraient étaient auffi mauvais comme ftyle que ceux que nous avons déjà vus ; mais la plupart des groupes, ftatues, œuvres d'art, bronzes & orfévreries, étaient d'un excellent deffin & témoignaient de connaiffances faines & bien approfondies, complétement mifes de côté quand il s'agiffait des décorations théâtrales ordinaires.

# CHAPITRE IX

*Des décors & des coſtumes de la tragédie.*
*De la couleur locale & du ſtyle.*

L A simplicité théâtrale déplaiſait aux courtiſans : quelle figure euſſent-ils faite ſans ſoieries, broderies, & rubans ! La vérité ſe trouvait miſe de côté, ſurtout à la Cour & dans le milieu qui en dépendait.

Mais en comparant un certain nombre de gravures du temps, on peut ſe convaincre qu'au beſoin quelques artiſtes de cette époque ſavaient ne pas s'égarer dans les exagérations à la mode, & pouvaient faire *vrai*, ſi le vrai eût été bien venu partout. Ainſi la *Pompe funèbre du cardinal Maʒarin*, faite à l'antique, contient des morceaux d'excellent ſtyle. Les deſ-ſins exécutés pour les tragédies & les comédies de Mairet, Corneille & Molière, ſe rapportent très-probablement aux effets mis en ſcène, & accuſent pour la comédie françaiſe un ſtyle qui n'exiſtait pas dans les divertiſſements royaux.

A cette époque, au reſte, la miſe en ſcène tragique était malaiſée à réuſſir correctement, par ſuite de la préſence des ſpectateurs ſur le théâtre ; cet uſage ſe perpétua ſi bien qu'en 1725, le 2 avril, le roi confirma, à Marly, une ordonnance déjà rendue par lui le 28 novembre 1713, portant défenſe

« à tous, même aux officiers de la maifon du roi, gardes, gendarmes, &c., » de fe montrer fur le théâtre pendant la comédie ou l'opéra. Le bon fens, pas plus que les édits, n'avait pas encore pu déraciner du monde des gentilshommes cette habitude de fe donner en fpectable de chaque côté de la Seine. On connaît l'hiftoire d'un grand feigneur voulant jouer un mauvais tour aux comédiens de Molière, & raccolant fur le Pont-Neuf tous les boffus qu'il trouva ; il leur remit à chacun un billet de théâtre pour le foir, & lorfque la toile fe leva, le public éclata de rire en apercevant à droite & à gauche, fous les portiques du décor claffique, deux doubles files de boffus plus contrefaits les uns que les autres. Jouez donc férieufement *Phèdre* ou le *Misanthrope* avec un pareil cadre !

Pour être moins comique, le public qui fe tenait d'ordinaire fur les planches, n'en était pas moins gênant, & c'eft dans l'habitude d'admettre quelques rangs d'amateurs fur le même plan que les comédiens, qu'il faut peut-être chercher la juftification du récit tragique. L'apparition d'un monftre, un fait émouvant, un affaffinat, ne pouvaient fe paffer côte à côte avec de jeunes feigneurs le plus fouvent portés à rire & à plaifanter ; le monftre d'Hippolyte eût fait, par exemple, fingulière figure au milieu des habits de Cour. On récitait pour éviter le ridicule, & peut-être que Racine eût beaucoup plus ofé dans fa mife en fcène, s'il n'avait pas eu, comme encadrement à fon drame, deux perfpectives de coftumes à la mode.

C'eft auffi fans doute à cette timidité forcée qu'il faut attribuer la modération relative apportée à la mife en fcène de la *Psyché* de Molière ; elle ne fut pas confidérée comme ballet, ni comme tragédie à machines ; elle refta plutôt comédie à fpectacle, & on ne dépenfa pas pour elle les groffes fommes qu'allait bientôt néceffiter l'Opéra. En effet, on trouve dans les regiftres de Lagrange que, pour les préparatifs de *Psyché,* on dépenfa 4359 livres. prix pour « charpente. fer-

» rurerie, menuiferie, peinture, toile, cordages, contrepoids,
» uftenfiles, bas de foie pour danfeurs & muficiens, plaques
» de fer blanc, vin des répétitions, fil de fer, laiton, &c. »
Tout en faifant la part de la valeur de l'argent à cette époque, cette fomme dépenfée était minime.

Il ne faudrait pas s'étonner qu'à la comédie il y ait eu plus
de modération & d'exactitude que dans les ballets & les
opéras; de notre temps il en eft de même. Au théâtre Français, Agamemnon portera un fimple manteau de laine; à
l'Opéra, au contraire, l'antiquité eft fouvent mitigée par la
foie & la crinoline.

Aux xvie & xviie fiècles, la vérité fcénique était obfervée
pour les faits contemporains ou pour ceux tirés de l'hiftoire
propre à chaque pays, à la condition de remonter feulement
peu d'années en arrière; la fantaifie régnait dans le refte, ref-
pectant parfois jufqu'à un certain point la forme des coftumes,
mais enchériffant étrangement fur la richeffe des étoffes, qui
dépendait de la fortune de l'amphitryon.

L'efprit tiraillé par deux courants en préfence, les artiftes
habillaient tantôt bien, tantôt mal, l'antiquité.

Les gravures faites pour les œuvres de Scudéry repréfentent : *Didon* (1637) en robe décolletée, avec un collier de
perles, des cheveux à la Marie de Médicis, &, fur le dos, un
vafte manteau doublé d'hermine. — Dans la *Mort de Céfar*,
au contraire (1636), les coftumes romains font exacts; l'architecture eft fimple, les colonnes font fans moulures.— Il en
eft de même pour *Eudoxe* (1641), tragi-comédie, de l'époque
de Genféric; l'impératrice porte une toilette exacte; les foldats bien encadrés dans un palais claffique font d'un bon
deffin. — En revanche, l'*Amant libéral* (1638), dont la fcène
fe paffe en Turquie, offre des Turcs à jambes nues, portant
la jaquette efpagnole, les turbans énormes, & des femmes
turques habillées à la Louis XIII; pour compléter l'enfemble,
le payfage oriental laiffe apercevoir des clochers d'ardoifes &
pointus comme ceux de nos campagnes!

Ce n'eft, au refle, qu'en feuilletant l'œuvre d'un certain
nombre de deffinateurs, qu'on trouve, femés çà & là, quelques
exemples des coftumes & décors du xviie fiècle.

Dans tous les deffins de Callot, il y a tendance évidente à
fortir de fon temps pour mieux habiller fes perfonnages ; il
n'affuble pas les anciens de la tunique militaire des mifères
de la guerre. Pour la tragédie de *Soliman*, par Profpero Bo-
narelli, il a deffiné une belle place publique dans laquelle fe
promènent environ quatre-vingts Turcs, bien équilibrés par
groupes comme le décor lui-même ; ils ont la grande robe
longue, l'aigrette & le turban peut-être un peu gros, mais en
fomme fupportable ; Callot avait, au reste, pu voir à Venife
ces coftumes orientaux qu'y amenaient les rapports de com-
merce. Ces deffins de Callot poar *Soliman* ont cette particularité, qu'au bas des pages font infcrites les initiales des
perfonnages dont la place varie d'aĉte en aĉte ; avec ces documents, la mife en fcène eft fuivie aifément. Le dernier aĉte
repréfentait un incendie. Si les aĉteurs réalifaient le deffin, ce
devait former un tableau excellent ; les flammes montent jufqu'au haut des maifons ; les groupes font bien deffinés, &
quelques-uns rappellent ceux de l'Incendie du Bourg.

Des gravures que Callot a deffinées pour le Nouveau Tef-
tament font curieufes auffi à confidérer au point de vue de
l'effet théâtral. — La *Flagellation* eft une des plus intéreffantes ; elle repréfente une tour noire, avec une porte ouverte ;
tout eft fombre, fauf le fond vu par la porte, inondé de lumière ; par fuite des proportions de la planche, on dirait
d'une lanterne fourde dont l'intérieur, « vivement éclairé, »
renfermerait un deffin tracé fur fa paroi. — La férie de fes
petites gravures qui repréfentent les *Martyrs*, renferme des
coftumes excellents ; c'est là, malgré l'exiguité des planches,
une fuite remarquable de décors tout faits, admirablement
difpofés & des plus variés ; dans les airs fourmillent les
apparitions céleftes ou diaboliques ; les fonds font remplis
par des villes, des architeĉtures, des palais, des perfpeĉtives

pittoreſques ; en avant, les ſcènes dramatiques animent les payſages.

Callot nous ſemble, au reſte, avoir poſſédé un talent théâtral hors ligne ; de lui paraiſſent dater certaines conventions ſe rapportant aux perſonnages allégoriques ; telles ſont : *Superbia*, en coſtume de cour riche, — *Junon*, vêtue à peu près de même, — *Ira*, en coſtume grec, — *Luxuria*, ſous la perſonne de Vénus à peine drapée, &c., &c. Dans les ballets du temps, on rencontre fréquemment ces perſonnages vêtus comme dans ſes deſſins.

On trouve auſſi, nous l'avons dit, dans les coſtumes des *Noʒʒe degli Dei* une exactitude relative qui ne doit pas ſembler extraordinaire dans les perſonnages dont La Bella a ſemé ſes deſſins ; il avait étudié l'archéologie antique & même, à propos des temps plus modernes, il a gravé, pour l'éducation du jeune roi Louis XIV, ſous forme de jeu de cartes, une ſuite de *Rois de France* auxquels, ſauf de légers détails dans quelques figures, on ne donnerait pas, à préſent qu'on ſe pique de couleur locale, une phyſionomie différente. Moins heureux dans ſes *Reines renommées*, il repréſente Pénélope comme une dame de la cour du temps de Louis XIII ; quant à Hélène & à Pàris, ſe dirigeant vers le navire qui va les emporter, ils ont l'air de deux amoureux du xviie ſiècle qui vont faire une partie de pêche.

Ab. Boſſe nous ſemble, au point de vue ſeulement qui nous occupe, moins claſſique que La Bella. La couleur égyptienne lui eſt inconnue, on peut s'en convaincre par la gravure de *Moïse* ſauvé des eaux. Sur un tertre au bord d'un fleuve, à pic, eſt un char antique, traîné par trois licornes ; au-deſſus du char un baldaquin, rond comme celui d'un lit, abrite la fille de Pharaon ; elle eſt vêtue d'une robe longue demi-collante avec ceinture ; ſa coiffure ſe compoſe d'un caſque avec aigrette latérale ; elle a les bras nus & un manteau ſur l'épaule. Ce coſtume ne ſerait pas mal pour une jeune Romaine, mais pour une Égyptienne du temps de Moïſe, il laiſſe, comme

7

l'encadrement du payfage, beaucoup à défirer. — En revanche, fon *Antiope*, malgré fon cafque & fon bouclier turc, eſt correctement habillée ; mais que fait derrière elle le fronton d'un palais qu'on dirait emprunté à la façade de Saint-Roch ou de la Sorbonne ? — Un excellent deſſin eſt celui de *David vainqueur* de Goliath ; il n'est coſtumé ni à l'hébraïque, ni à l'antique, ni à la moderne, mais fa fimplicité fera toujours acceptable. Cette gravure eſt du temps de la Fronde, elle eſt curieufe en ce qu'elle montre, par les vers qui font au bas, que Ab. Boſſe n'était pas, comme l'italien Torelli, du parti de Mazarin :

*Frondeurs, de qui le bruit s'épand par tout le monde,*
*Cet exemple facré vous a donné des loix.*
*Vous pouvez juſtement faire claquer la Fronde*
*Pour la caufe du ciel & pour celle des roix.*

Les deſſins de Chauveau, à leur tour, renferment de trèsbons coſtumes militaires ; ce font ceux que chacun, fous Louis XIV, réuſſiſſait le mieux quand il s'agiſſait de l'antiquité, fans doute par fuite de l'étude, au point de vue guerrier & triomphal, qu'on avait faite des monuments romains. Ainſi la gravure du *Sertorius* de Corneille (1662) montre des foldats aſſaſſins qui femblent fortir des frefques de Raphaël. — *L'Alexandre* de Racine (1665) eſt bien drapé ſi les princeſſes de la famille de Darius font empanachées un peu trop abondamment. — *Bérénice* (1670) montre un Titus qui n'a qu'un défaut, c'eſt d'avoir fur la tête fa couronne impériale ; il eſt douteux que les empereurs romains, dans la vie de chaque jour, gardaſſent fur leur tête ce figne du pouvoir. — *Iphigénie* (1674) accufe, malgré l'époque un peu avancée où elle fut repréfentée, des progrès finguliers dans le deſſin des coſtumes ; Achille eſt fimple ; l'écharpe a difparu, le glaive eſt prefque claſſique, & le manteau drape bien. Iphigénie ellemême eſt habillée à la grecque, avec une tunique fans ornements. Parfois dans ces deffins, le bien & le mal fe rencontrent à la fois. Dans un affez bon décor, les personnages de Térence font vêtus, habillés, comme des valets de la comédie italienne ; & la *Cléopâtre* de Mairet (1630), au milieu d'acceffoires acceptables, montre Céfar avec des mouftaches à la moufquetaire, recevant Cléopâtre vêtue d'un coftume qui peut auffi bien fe rattacher à l'antiquité qu'au règne de Louis XIII.

Les deffins de Bérain, par lefquels nous terminerons cet examen qui pourrait fe prolonger à l'infini, ont-reffenti plus que leurs prédéceffeurs ou contemporains, l'influence du ftyle Louis XIV. Cependant on trouve encore dans les décorations deffinées par lui, en 1710, pour l'appartement du roi au Louvre, une entente parfaite de l'antique affez fobrement corrigé par les mœurs modernes. Certains groupes, tels q e *Apollon & les Mufes, Thétis & les Tritons, Vénus & les Amours*, femblent faits pour figurer fur des machines de théâtre, & fi on eût réalifé quelques-uns d'entre eux, ils euffent été charmants & irréprochables.

La tendance théâtrale maniérée du femps fe fait fentir chez Bérain d'une façon très-fenfible dans une férie de planches formant panneaux avec encadrements ; telle eft celle repréfentant un *Repas chez Vénus :* le décor (car c'en eft un véritable) repréfente une riche falle à manger avec hémicycle & colonnade, fermée dans le haut par des berceaux en treillage, enguirlandés de feuilles grimpantes ; des fontaines rafraîchiffent l'air ; des nymphes danfent ; Vénus, Diane & Junon, affifes à table, font fervies par les Amours ; — l'abfence à peu près complète des coftumes chez les déeffes & les nymphes eût rendu difficile la mife au théâtre de cette fcène, au refte très-élégante.

Un autre panneau de Bérain femble repréfenter une fcène d'*Alcefte*. Dans une colonnade très-ornée, illuminée par des guirlandes de petits luftres, font réunis Hercule, Alcefte & Admète. Hercule, qui eft nu, eft d'un bon deffin ; Admète a un bas de faye & des genouillères à crevés ; Alcefte eft coiffée en plumes, elle porte un corfage long, deux jupes dont la première, fendue, laiffe apercevoir la jambe prefque entière. Au-deffous du groupe, au milieu d'arabefques, font affis cinq muficiens : une baffe & un deffus de viole, deux flûtes droites, un tambour de bafque, fingulier orcheftre pour célébrer la réunion des deux époux.

Dans les deffins que nous avons cités (deffins examinés abftraction faite de la valeur réciproque de leurs auteurs & en dehors de toute préoccupation de claffement par mérite), il y a à côté des bonnes chofes bien des erreurs, mais on voit que les erreurs que l'on commettait dans les repréfentations données à la Cour étaient les plus fortes, & l'Opéra, qui fe modela fur cette dernière, n'eut garde de repouffer des anachronifmes bien accueillis ; plus il fe développa, plus les excentricités fe donnèrent carrière.

Une des preuves les plus grandes fe trouve encore dans l'œuvre de Bérain ; nous ne pouvons clore ce chapitre fans parler des coftumes allégoriques qu'il a deffinés & qui étaient applaudis de fon temps ; la fuite en eft longue, mais nous n'en citerons que deux ou trois pour donner l'idée de ce qu'ils étaient. — La *Sculpture* était repréfentée par un homme vêtu d'enroulements, avec clef de voûte fur la poitrine ; des mafques garniffaient la jupe & les épaules ; une volute & deux trompettes en fautoir formaient la coiffure, & des cifeaux & des gouges pendaient à fa ceinture. — L'*Architecture* était un homme portant billettes en jarretières, triglyphes en culottes, fût avec aftragale fur la poitrine, manches en pierres taillées, manchettes en moulures de colonnes, chapiteaux fimples fur les épaules, chapiteau corinthien fur la tête, règle & compas à la ceinture. — Pour l'*Orfévrerie* & la *Mufique* les attributs fpéciaux remplaçaient ceux que nous citons pour l'architecture & la fculpture : l'orfévre était parfemé de cou-

verts, fourchettes, salières, raviers, &c. — Le muficien repréfentait un échafaudage de luths, hautbois, vielles & violons.

Le goût fe gâte de plus en plus à partir de 1670 environ;
les pompes funèbres en font, au refte, comme les fêtes, une
preuve évidente; on peut vérifier le fait en examinant les
deffins, exécutés pour le *Camp de la Douleur*, à Notre-
Dame, lors de la mort du prince Louis de Bourbon, le
10 mars 1687; la comparaifon avec la pompe funèbre de
Mazarin eft intéreffante & indique le chemin parcouru.

Les étapes fe firent peu à peu fur la route du mauvais goût
& du luxe exceffif, & les abus de la mife en fcène fe développèrent en même temps que l'opéra, comme nous allons le
voir dans les derniers mots qui nous reftent à dire fur le fujet
qui nous occupe.

# CHAPITRE X

*Décadence des fêtes royales.*
ALCESTE *dans la cour de Marbre (1674).*
*La* GROTTE DE VERSAILLES & *le* MALADE IMAGINAIRE *(1674).*
*La mise en scène passe à l'Opéra.*
*Abus du mauvais goût.*

DEUX années après la représentation de *Georges Dandin* & du *Triomphe de Bacchus & de l'Amour*, la troupe de Molière joua à Versailles les *Amants magnifiques*. Cette pièce, d'un ennui royal, prouva que parfois Molière pouvait devenir l'égal de Benserade, & donna belle occasion aux babillards de la Cour de répéter une fois de plus que ce dernier était préférable au grand auteur comique ; cette idée n'était pas, au reste, étrange à la Cour ; Benserade était l'inutile, & quoi de plus nécessaire que l'inutile dans un monde riche & désœuvré ?

Ce fut lors des *Amants magnifiques*, dans le ballet de Flore, que Louis XIV dansa pour la dernière fois en public ; il jouait deux rôles, ceux de Neptune & du Soleil.

Les fêtes de 1670 n'eurent rien de remarquable ; elles ressemblaient aux précédentes ; le type était donné, on le reproduisait. Pour trouver un fait nouveau & intéressant, il faut arriver aux fêtes de 1674, données après la conquête de la Franche-Comté. Il y eut là comme un dernier regain de

fplendeur, de gaieté & de profpérité dont la Cour fe hâta de
jouir ; ce furent les derniers divertiffements qui jetèrent quelque éclat ; ils fe prolongèrent pendant une partie du mois de
juillet, & la foirée la plus curieufe fut certainement celle de
la repréfentation d'*Alcefte*, donnée à Verfailles dans la cour
de Marbre.

*Alcefte* avait été joué l'hiver précédent fur le théâtre du
Palais-Royal, dont Lully s'était rapidement emparé après la
mort de Molière ; le fuccès avait été brillant, & Mᵐᵉ de Sévigné en parle avec chaleur dans fes lettres. Le roi, défirant
voir le chef-d'œuvre, la repréfentation fut fixée au 4 juillet.

Avant la foirée, le roi alla fe promener au *Marais ;* c'était,
dans le parc, la partie où fe trouve actuellement le baffin
appelé les Rofeaux ; au milieu du Marais on voyait un arbre
imité qui laiffait couler l'eau par fes feuilles ; puis, au bout
de tuyaux divers, on difpofait des « ajutages, d'où l'eau for-
» tait en forme d'aiguières, verres, carafes, qui femblaient
» être de cryftal de roche garni de vermeil doré. » On s'a-
mufa beaucoup de ces enfantillages aquatiques qui font encore
les délices des riches bourgeois de la banlieue parifienne ;
puis, vers huit heures, le roi & la Cour revinrent au château.

« Les croifées, tant de la petite cour que de la grande, &
» les balcons des faces eftoient éclairez par deux rangs de
» bougies ; l'entablement étoit auffi éclairé d'autres lumières
» efpacées à un demi-pied l'une de l'autre. Le théâtre, qui fe
» trouvoit préparé pour la tragédie, contenoit toute la petite
» cour pavée de marbre. » Le palais formait le fond & les
côtés du décor ; ces côtés étaient ornés de douze caiffes de
grands orangers, qui, fe terminant dans le fond de la cour,
laiffaient voir en face, dans le point de la perfpective, les huit
colonnes de marbre qui portaient le balcon de la chambre du
roi & forment l'entrée du veftibule. Entre les grandes caiffes
en étaient de plus petites en faïence, contenant des plantes
rares ; devant chaque arbufte était un guéridon or & azur

avec girandole de criftal & d'or, à dix bougies (ce qui faifait
que les acteurs fe trouvaient éclairés au rebours); derrière les
orangers étaient vingt-quatre girandoles fupplémentaires, avec
fleurs & guirlandes, & dans chacune des trois portes du veftibule pendait un grand luftre de criftal, auquel correfpondait,
au-deffous, un maffif de lumières & de fleurs.

Au milieu de la cour de Marbre, il y avait à cette époque
une fontaine, de marbre auffi, dont on avait rempli les vafques
d'arbuftes & de fleurs afin que l'eau, en tombant, n'empêchât
pas d'entendre les acteurs, & au lieu de s'épandre en cafcades, le liquide s'écoulait par de groffes cornes d'abondance
foutenues par des Amours.

L'orcheftre, divifé en deux groupes, était placé au bas des
marches qui furélèvent la cour ; les chœurs fe tenaient, rangés
fur deux lignes, prefque immobiles comme à la parade, le
long des vafes de fleurs difpofés de chaque côté de la
fcène ; ils ne fe mêlaient que de loin en loin au drame qui
fe jouait devant eux, tout au plus fe permettaient-ils, obfer-
vateurs d'une rigoureufe étiquette, de lever les bras en chantant leurs parties.

Le château de Verfailles, avec fes tourelles en encorbellement dans les angles (dont une exifte encore à gauche), avec
fon dallage, avec le ciel étoilé au-deffus des acteurs, compofe
un décor fingulier, plein d'originalité, & ne manquant pas
d'une certaine grandeur : mais le cadre eft étrange pour y
faire agir les perfonnages de Quinaut.

Le deffin montre Hercule portant la peau du lion de Némée,
& vêtu en plus d'une petite jupe agrémentée de broderies;
Admète a un diadème à plumes, un pourpoint jufte & long,
à petite jupe, des manches étroites, une traîne de cour par
derrière, un grand fceptre à la main. Les dames font vêtues
comme les nobles curieufes qui les regardaient jouer. Une
furie porte le coftume traditionnel, le même que le roi
Louis XIV avait dans les *Noces de Thétis & Pélée* vingt
années auparavant. Cette vue dut faire faire au roi de fin-

7.

gulières réflexions ; eut-il le bon esprit de voir qu'il avait pu
être ridicule avec ses jambes nues, sa double jupe découpée
& ses serpents en paquets !

On se servit plus d'une fois de la cour de Marbre pour
donner des représentations dramatiques. Les théâtres se dres-
saient, à la Cour, tantôt d'un côté, tantôt d'un autre, & les
dispositions nécessaires étaient rapidement prises à Versailles ;
les ordres étaient exécutés avec tant de diligence qu'il n'y
avait personne qui ne crût que tout s'y faisait par miracle,
& le plus souvent la Cour elle-même ne s'apercevait pas des
préparatifs faits pour ces sortes de fêtes (du moins c'est un
architecte & rédacteur du roi, Félibien, qui l'affirme). On
raconte à ce propos qu'en 1682 on avait fait préparer depuis
le matin, pour jouer dans la cour de Marbre, le soir même,
l'opéra de *Persée* ; vers midi, le ciel se couvrit de nuages &
la pluie devint menaçante. On hésita, puis après réflexion, on
démonta le théâtre & tout fut remonté pour le soir dans la
salle du Manége. *Persée* fut joué comme il avait été dit,
sans qu'on eût fait attendre l'impatient souverain.

Le matériel se transportait parfois dans les bosquets du
parc, & c'est ainsi que, lors de ces mêmes fêtes de 1674, le
19 juillet, le *Malade imaginaire*, qui n'avait pas encore été
représenté à la Cour après la mort de Molière, fut joué dans
la grotte du jardin aujourd'hui disparue. Cette grotte fut trop
renommée de son temps, elle servit à trop de divertissements
pour que nous n'entrions pas, à son égard, dans quelques détails.

Les grottes, suivant un goût d'Italie, étaient fort à la mode
au xviie siècle ; le nom de *grottes* était assez mal appliqué à
ces constructions prétentieuses, où l'architecture raffinée jouait
le principal rôle, & dans lesquelles les stalactites artificielles,
les cascades, les groupes de marbre se mêlaient pour produire
un effet brillant. Il y avait des grottes à Versailles, à Saint-
Germain, à Marly ; mais celle de Versailles était la plus importante. C'était une singulière idée que de réaliser sous le
climat de la France une invention que le ciel de l'Italie rend

à peine fupportable pendant un très-petit nombre de mois ;
& le plus bizarre, c'eft qu'en élevant ces bâtiments coûteux,
on fe figurait imiter de près la nature.

La grotte de Verfailles, qui avait vingt-quatre mètres de
façade, était à côté de la Tour d'eau ; fombre en dedans, elle
ne recevait le jour qu'au travers des grilles d'entrée. Au fond
était un réfervoir d'eau, & en avant du réfervoir, trois grandes
niches creufes recevaient des ftatues. Entre ces niches & le
mur de face, étaient trois nefs parallèles foutenues par des
pilaftres, de manière à laiffer neuf efpaces vides entre eux ; la
nef du centre était plus vafte que les deux autres ; chacune
d'elle correfpondait à une des trois niches ; elles étaient pavées
en mofaïque, faite de cailloux ronds & égaux, & derrière la
niche centrale était un orgue hydraulique, dont Loret parle
quelquefois dans fa *Mufe hiftorique*.

L'afpect extérieur était nu & froid. Le mur de face était
percé de trois baies fermées de grilles ; quelques pilaftres en
ftalactites, quelques médaillons fculptés avec figures marines,
ornaient feuls ces murailles qui femblaient plutôt celles d'une
remife que d'un lieu de plaifir.

Tout le luxe avait été réfervé pour la deuxième nef ; les
trois niches qui s'ouvraient fur elle, décorées en coquillages de
couleur, renfermaient trois groupes : des chevaux & des tritons dans les deux niches latérales, Apollon & les nymphes
dans celle du milieu ; ces trois groupes font au refte, à préfent, dans le bofquet d'Apollon. Deux ftatues d'Acis & Gala-
thée décoraient les extrémités de la première nef, & des
cafcades d'eau, à donner le friffon rien qu'en en lifant l'énumération, ruiffelaient de tous côtés.

Cette grotte était remarquable par les incruftations des
murailles ; tout était revêtu de pétrifications, émaux, nacres
& coraux, partout il n'y avait que rocailles & coquillages.
Les dieux & les animaux marins fervant à la décoration
étaient imités avec les couleurs voulues ; des oifeaux précieux
en mofaïques, brillaient dans les niches ; des nautiles, des

conques d'eſpèce rare étaient poſés çà & là fur les corniches ;
fur les piliers ſe voyait le chiffre du roi ; des maſques, des
candélabres, des fruits, toujours en coquillages, ornaient les
furfaces plates. Pour donner une iɔée de l'adreſſe avec laquelle
les matériaux étaient employés, voici comment étaient repréfentés les tritons & les firènes. Ils ſe détachaient en relief
fur un fond en pierres ordinaires (cailloux ruſtiques) ; le corps,
nu juſqu'à la ceinture, était fait de moulettes blanches &
roſées, ſi fines, ſi bien choiſies, qu'on diſtinguait le deſſin des
nerfs & des muſcles les plus délicats ; le bas du corps & la
queue étaient faits de coquilles de nacre placées en écailles ;
les cheveux étaient imités en roche d'Angleterre, « dont la
couleur brune repréſente les cheveux naturels. »

La décoration péchait certes par le goût, mais lorſque
toutes ces pierres brillantes étaient puiſſamment éclairées par
des centaines de bougies de cire, le coup d'œil devait produire un certain effet.

Ce fut le 19 juillet, qu'après une promenade à la ména-
gerie de Trianon, Louis XIV vint aſſiſter, dans la grotte, à
la repréſentation du *Malade imaginaire.* La ſcène était
placée au niveau de la ſéparation de la première & de la
deuxième nef, dans l'arcade centrale ; dans les gravures d'Is.
Sylveſtre, derrière Argant & la ſoubrette, on aperçoit les
groupes des ſtatues d'Apollon & des nymphes qui forment un
fingulier cadre à la comédie de Molière.

Le théâtre était élevé de deux pieds au-deſſus de terre.
« Sept grands luſtres pendoient fur le devant du théâtre qui
» eſtoit avancé au devant des trois portes de la grotte. »
Celle-ci était en outre éclairée « d'une quantité de girandoles
» de cryſtal, poſées fur des guéridons d'or & d'azur, & d'une
» infinité d'autres lumières qu'on avoit miſes fur les cor-
» niches & fur toutes les autres faillies. »

Molière n'était plus là pour jouer le malade.

Nous trouvons encore un exemple de décoration à citer
dans ces fêtes du mois de juillet 1674. Le 28, on joua l'opéra

des *Fêtes de l'Amour & de Bacchus* dans un théâtre élevé,
pour cette occafion, au bout de l'allée du Dragon. Le décor
repréfentait un « jardin délicieux... difpofé par grandes allées
» bordées de part & d'autre de paliffades d'arbres verts in-
» duftrieufement taillés en diverfes manières. Plufieurs figures
» repréfentant des Thermes portaient des confoles & des cor-
» niches taillées dans les paliffades mêmes. » La fcène s'ouvrait à la fin & laiffait apercevoir les bergers de l'Amour &
les cinquante fatyres de Bacchus groupés fur des portiques.

Il n'y avait là rien de bien nouveau, pas plus que lors de
la collation qui fuivit quelques jours plus tard, & pour laquelle la fontaine de marbre de la cour du château reçut une
illumination en fpirale s'élevant dans les airs, pendant que
tout autour étaient difpofées des tables furchargées de fleurs,
de fruits & de pâtifferies.

Nous nous arrêterons ici.

A partir de cette époque, les divertiffements de la Cour
femblent avoir perdu de leur originalité. De graves occupa-
tions, la difparition de Benferade, la mort de Molière, l'ouverture de l'Opéra & les foins que Lulli donnait à *fon* théâtre,
en font la caufe. Le roi avait vieilli, l'humeur de la Cour
devient fombre ; bien que les intrigues galantes aillent toujours
leur train, l'expanfion n'exifte plus ; on cache les amours avec
le même foin qu'on apportait à les laiffer foupçonner ; les
allufions font difficiles ou mal venues ; la gravité prend le
haut du pavé. Les fêtes difparaiffent peu à peu ou n'exiftent
plus que par étiquette ; cela durera ainfi jufqu'à ce que le
Dauphin foit en âge de chercher à s'amufer pour fon propre
compte ; alors, en 1681, on reprendra le *Triomphe de l'Amour*.
Benferade, prefque oublié, trouvera là un regain de jeuneffe &
de réputation ; il recommencera d'écrire quelques envois en
vers, & mourra peu après, comme s'il eût attendu cette der-

nière fête, furvivant à Molière, & faifant peut-être difparaître momentanément la réputation de ce dernier.

Pendant ce temps, la riche mife en fcène émigra de la Cour
à l'Académie royale de mufique, tranfportant avec elle les
exhibitions capricieufes & les anachronifmes qui, plus que
les ballets de la minorité du roi, ont attiré fur le goût du
xvii<sup>e</sup> fiècle les plaifanteries des générations fuivantes.

Quelques exemples prouveront la vérité du fait.

En 1675, *Amadis* porte la cuiraffe molle, le bas de fayc en
foie, les manches damafquinées d'or avec lambrequins, un
nœud rofe au cou, des brodequins de foie à boutons d'émeraudes, un manteau rouge frangé d'or, la grande perruque,
& par-deffus un énorme cafque avec une chenille blanche &
rouge extravagante.

*Atys* (10 janvier 1676) montrait au public des coftumes
encore plus étranges & un pays tout à fait imaginaire; c'eft
le réfultat d'une divagation indefcriptible, ofcillant entre
l'époque de Louis XIV, l'Inde & la chevalerie féodale. Les
bacchantes ont des corfages ajuftés, décolletés, des jupes traî-
nantes; elles fe meuvent dans une architecture impoffible,
combinaifon fantaftique de perrons, de rampes, de fontaines,
d'efcaliers & de charmilles à la françaife. Les prêtres de
Bacchus portent des *tonnelets*, des cuiffards en acier, des
chapeaux pointus, une cuiraffe. Le premier rôle de femme,
Sangaride, a, fur la tête, la dépouille d'une autruche; fa
coiffure reffemble à un feu d'artifice.

Roland (1685) femble avoir avant le temps deviné les
bergers Louis XV, les coftumes *trumeaux;* c'eft là décidé-
ment le triomphe du tonnelet, & avec le tonnelet l'art difparaît en même temps que le ftyle; il précède de peu le panier,
l'antipode de la couleur locale. C'était avec un tonnelet que
Roland, déjà à cette époque, arrachait de terre, « des arbres
» qui n'y tenaient pas. »

Et à propos de ces coftumes déraifonnables, de ces productions mauvaifes, non-feulement comme archéologie, mais en-

core au point de vue du simple bon fens, on peut faire la fingulière obfervation que dans les prologues précédant les
opéras, prologues toujours à la louange de Louis XIV, il n'en
était pas de même : les fatyres inévitables, les nymphes non
moins inévitables, paraiffant dans ces prologues, portent des
coflumes antiques d'un bon deffin ; mais dès que reparaît le
drame en mufique, l'imagination reprend fa folle carrière.

Les excentricités d'*Atys*, d'*Amadis* & de *Roland* ne furent
pas des phénomènes ifolés, & bientôt les théâtres autres que
l'Opéra prirent la même route; on fit partout auffi abus des
machines, gloires, méchaniques à contrepoids.

Les pièces nouvelles ne fuffifant plus, on inaugura le fyftème des reprifes; on vit reparaître l'*Andromède* de Corneille, & cette fois, pour frapper davantage l'efprit des fpeclateurs, Pégafe fut joué par un vrai cheval (1682); il remplit
fon rôle, dit le *Mercure* du temps, de la façon la plus
remarquable; il faifait tous les mouvements d'un cheval volant. Au refte, c'était ainfi que Perfée avait toujours été
monté en Italie; feulement le cheval reftait immobile. Il eft
au refte probable qu'il en était de même à la reprife d'*Andromède;* on prétend que vis-à-vis du cheval, foigneufement
mis à la diète depuis le matin, un palefrenier placé dans la
couliffe vannait de l'avoine, & que ce fpeclacle tentateur faifait que le cheval henniffait & frappait des pieds dans le
vide ; mais malgré la faim, un cheval enlevé de terre devient
d'ordinaire une maffe inerte (on peut fe convaincre du fait
en regardant embarquer des chevaux à bord d'un tranfport
maritime); le chroniqueur du *Mercure* n'a-t-il pas un peu
exagéré, & n'a-t-il pas pris quelques convulfions de malaife de
la part de Pégafe pour des mouvements raifonnés en vue de
la fcène ?

On voit qu'au défaut de la Cour, emmaillottée dans la froideur de l'âge & le décorum outré de certaines idées reli-
gieufes, l'Opéra & parfois les théâtres de comédie s'étaient
chargés de la remplacer dans fes exagérations ; l'influence du

roi s'était répandue au dehors, & dans les coſtumes, comme
dans les décors, le fentiment de vérité & la tendance archéologique que poſſédaient quelques efprits avaient été peu à peu
étouffés par le ſtyle en faveur. Le luxe s'était ſi bien accli-
maté que la France éclipfa rapidement l'Italie qui lui avait
montré le chemin. Un ſiècle après, on vit à la Cour, à Fontainebleau, le *Devin du Village,* cette payfannerie furfaite
& incolore, repréſentée au milieu d'un décor tout diamanté.
Après cela, il fallait tirer l'échelle.

Mais que d'excès ridicules jufque-là! Les allégories furent
longtemps à la mode; on danfait les Vents avec des foufflets
en la main, des moulins à vent fur la tête & des habits de
plumes pour caraétérifer la légèreté. Le monde était repréfenté par un danfeur portant un coſtume blanc avec le mot
*Gallia* écrit fur le cœur, *Germania* fur le ventre, *Italia* fur
une jambe, *Terra auſtralis incognita* fur le derrière, *Hiſ-
pania* fur un bras, &c., &c. Lorfque Lekain ofa fortir du
tombeau de Ninus avec les bras enfanglantés, les cheveux
« hériffés, les yeux égarés, » — la furprife feule fit applaudir,
& ſi l'on eût eu le temps de réfléchir, on eût ſifflé.

Le goût fingulier des coiffures en plumes, de forme exagérée,
comme celles que nous avons citées à propos de Théfée &
d'Atys, perfiſta longtemps. Au xviiiᵉ ſiècle on voyait encore
les héros antiques coiffés de chapeaux avec plumets en forme
« d'artichauts renverfés, » reſſemblant à des cafcades avec
jets d'eau; Mithridate & fes deux fils étaient ainſi affublés.
Même aberration exiſtait dans Iphigénie : Agamemnon,
Achille & Ulyffe fe trouvant enfemble en fcène avaient chacun
leurs plumes entées fur de grandes coiffures, pofées fur d'é-
normes perruques. La manœuvre du chapeau fe faifait en
pluſieurs temps comme l'exercice du fufil; il y avait généralement trois temps & chaque perfonnage avait fa manière,
réglée felon le caraétère du rôle; les applaudiffements récom-
penfaient les artiſtes qui ôtaient & replaçaient avec grâce
leur monument empenné; l'enthouſiaſme éclatait quand, plu-

fieurs héros, rois ou chevaliers, étant en fcène, la manœuvre réuniffait l'élégance, l'enfemble & la précifion des mouvements.

Vers 1750, on jouait encore la tragédie avec le coftume de cette époque; le « *Comte d'Effex*, *Dom Pedro*, étaient » repréfentés avec les habits du *Glorieux* & de l'*Homme à bonnes fortunes.* » La tradition fe conferva pour quelques pièces plus longtemps qu'on ne penfe. Il n'y a guère 'plus de vingt ans, nous avons encore vu, à la Comédie françaife, jouer le *Mifanthrope* avec l'habit pailleté, la poudre, l'épée en verrouille, & un nœud de rubans verts fur l'épaule. Il fallut le mouvement artiftique caufé par la réfurrection momentanée de la tragédie avec Mlle Rachel, pour qu'on ofât rifquer les coftumes de Louis XIV dans le *Mifanthrope*, chofe que la Comédie françaife avait, dit-on, refufée à Talma; ce fut, ce nous femble, M. Geffroy, qui, le premier, parut dans *Alcefte* avec le coftume claffique du temps de Molière. Nous ne nous étonnerions pas qu'alors quelques vieux abonnés n'aient murmuré contre une licence que ne juftifiait pas la tradition.

Les reffources mécaniques des théâtres du xviiie fiècle différèrent peu de celles du xviie; on peut le voir dans les plans donnés dans l'*Encyclopédie* de d'Alembert & Diderot. La difproportion des lointains avec les artiftes placés au fond de la fcène fut, notamment, fi peu corrigée, que Noverre, dans fes lettres fur la danfe, s'élève contre le mauvais effet qui en réfultait; il cite un pont fur lequel paffaient des cavaliers, dont un feul paraiffait plus gros que le chemin qui le portait lui & fes compagnons.

Il femble même qu'au fiècle dernier, vers la fin, la mécanique théâtrale avait plutôt baiffé que grandi. Ainfi, les machines de travers, venant d'en haut avec contrepoids, n'étaient plus auffi ufitées, car l'on ne favait comment cacher les cordages, « chofe que le public ne voudrait plus. » Doit-on en conclure que la Cour du grand roi, fi élégante, fi difficile, acceptât la vue de vilaines cordes & de bois groffiers ?

Doit-on croire que Vigarani, Torelli, étaient affez inexpéri-
mentés pour ne pouvoir cacher leurs moyens d'action ? N'est-il
pas plus fimple de penfer que les théâtres ordinaires n'ayant
pas toujours, au XVIIIᵉ fiècle, les fonds dont difpofait le roi
Louis XIV, ne pouvaient réalifer de pareilles merveilles ?
La petiteffe des falles s'oppofait aux mouvements obliques
des machines, & la lumière avait fait fi peu de progrès
qu'en 1801, encore, le luftre devait, pendant le jeu des
acteurs, être recouvert d'une gaze bleue pour ne pas tuer
l'effet lumineux de la rampe dont la faibleffe était extrême.

Au refte, la charpente générale de la fcène n'a guère
changé depuis le XVIIᵉ fiècle jufqu'à nos jours ; les fyftèmes
de plans, châffis, rideaux, planchers font reftés les mêmes.

Au temps de Louis XIV, on rencontre déjà tout ce qui
fait le fuccès de nos féeries ; on accueillait à la cour du
grand roi, avec des applaudiffements, les apothéofes, les
perfpectives tournantes & dorées, les groupes fufpendus, les
apparitions, les jupes courtes & parfois les tableaux vivants.

Certains moyens fcéniques ont cependant progreffé. Tout ce
qui concerne l'éclairage a fait de nos jours un pas confidé-
rable ; le gaz, la lumière électrique, le magnéfium, ont apporté des effets tout nouveaux, il en eft de même des miroirs réfléchiffants & des glaces fans tain pour les fpectres &
les ondines. Les plus récents progrès de la fcience & de la
mécanique font entrevoir des modifications importantes, dont
on ufera au nouvel Opéra. Dans le domaine du deffin, la
perfpective oblique a fourni déjà aux décorations un pittorefque inconnu de nos ancêtres, & nous poffédons, pour les
coftumes, des notions archéologiques plus précifes. Mais
dans ce dernier ordre d'idées, combien de fautes, fans doute,
y fignaleraient encore les contemporains des époques que
nous mettons en fcène !

Fin.

# TABLE

FIN DE LA TABLE

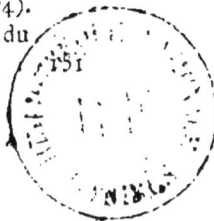

*Achevé d'imprimer*

LE SIX FÉVRIER MIL HUIT CENT SOIXANTE-NEUF

PAR L. TOINON & Cᵉ

Imprimerie L. Toinon et Cᵉ, à Saint-Germain.

www.ingramcontent.com/pod-product-compliance
Lightning Source LLC
Chambersburg PA
CBHW072248270326
41930CB00010B/2303